互动型经济

老板云与弱关系时代商业生态革命

THE INTERACTIVE ECONOMY

THE BOSS CLOUD AND BUSINESS ECOSYSTEM EVOLUTION IN THE ERA OF WEAK TIES

戈 峻 郭宇宽 著

清华大学出版社

北 京

图书在版编目(CIP)数据

互动型经济：老板云与弱关系时代商业生态革命 / 戈峻，郭宇宽著 . —北京：
清华大学出版社，2021.11

ISBN 978-7-302-59294-5

Ⅰ.①互⋯　Ⅱ.①戈⋯②郭⋯　Ⅲ.①商业模式—研究　Ⅳ.① F71

中国版本图书馆 CIP 数据核字 (2021) 第 200845 号

责任编辑：陈　莉
封面设计：王　亮
版式设计：方加青
责任校对：马遥遥
责任印制：宋　林

出版发行：清华大学出版社
　　　　　网　　　址：http://www.tup.com.cn，http://www.wqbook.com
　　　　　地　　　址：北京清华大学学研大厦 A 座　　邮　　编：100084
　　　　　社 总 机：010-62770175　　　　　　　　邮　　购：010-62786544
　　　　　投稿与读者服务：010-62776969，c-service@tup.tsinghua.edu.cn
　　　　　质 量 反 馈：010-62772015，zhiliang@tup.tsinghua.edu.cn
印 装 者：三河市东方印刷有限公司
经　　销：全国新华书店
开　　本：148mm×210mm　　　印　　张：7.5　　　字　　数：168 千字
版　　次：2021 年 11 月第 1 版　　　印　　次：2021 年 11 月第 1 次印刷
定　　价：59.00 元

产品编号：094707-01

前　言

疫情倒逼的弱关系商业生态

强关系商业生态戛然而止

大城市的高端消费场所平时经常是爆满的，企业家们在觥筹交错中建立起兄弟友谊。大多数生意都是依托于朋友、同事、亲戚等传统强关系，以及线下多次面对面相互交流沟通形成的强关系成交。传统技术水平、商业规则、地缘关系等多重因素下形成了强关系商业生态，商业生态本质上也是人与人之间的社交关系，商场、学校、餐厅很大程度上都无法摆脱地缘因素的限制，其服务半径有限，仅仅服务于周边人群，技术条件也限制了强关系商业外延，一手交钱一手交货的商业规则仍然是掣肘强关系商业生态的重要因素。强关系商业生态有其固有优势，其中最为关键的是用户与商家之间的黏性足够强，无论是短距离线下交易，还是远距离亲人、朋友、同事关系，强关系都是不争之事实。以社区零售业态为例，商店是社区的组成部分，用户作为社区一员，和商店之间具有天然的商家和消费者的关系，无论主动或被动，其强相关性的基础无法改变，很多时候用户无法选择，因为从距离上限制了其选择的范围。

但是，2019年年末，一场突发的新冠肺炎疫情打破了一切节奏，伴随着社会疫情防控，"隔离"似乎成为常态，一切商业往来几乎都陷入了停顿，依托于强关系的商业生态戛然而止。疫情期间商场关闭，学校停课，餐厅歇业，线下商务会议取消，原生近距离的强关系被割裂，基于线下商务社交活动形成的强关系亦受到猛烈冲击，全球经济按下了暂停键。不少企业都面临严峻的经营挑战，如寻找新的销售路径、更换新的供应商、升级商业模式……不少企业陷入结构性停滞，它们的自救需要商业资源的合理流动和对接。依靠企业家大数据设立项目、企业家提供服务的线上平台也因疫情迎来新机，"天九老板云——企业家O2O移动商务社交云平台"就是一个典型案例。在百万企业家共同构建的资源库里面，企业家将更容易与同城、同行、同产业链的企业家产生连接，并交换资源、分享经验，特别是在疫情防控关键时期，这条线上通路在客观上成为商业资源流动的枢纽。

天九老板云逆势升级

天九老板云为企业家提供多维度的智慧赋能服务，定位于100多万企业家的生意群，供平台企业家商务、社交、学习、合作，集合了项目在线路演、项目抢占、独角兽大会、商机发布、人脉社交、商业智慧等实用性功能和模块，为企业家提供智慧赋能、生意赋能、人脉赋能、合作赋能以及优惠政策等一站式服务，致力于新科技推动全球优质项目和优质企业家资源智能互通，帮助企业家轻松转型。天九老板云通过整合国内国外项目、人脉资源，打造企业领域的O2O社交商务平台。在这里，企业家可以结识同城、同行、同爱好的老板，学习经营管理知识，还可以在线报名参加线下独角兽大会。"云洽会"作为天九老板云的核心亮点，能够帮助企业成长，为企业家赋能。企业家不用亲临现场也能在手机端同步观看最新发布的优质项目，同时与其他企业家零距离对话交流，拓展人脉，充分满足企业家共聚、共享、共赢的O2O商务社交需求。

2020年疫情初始，天九老板云就积极同中国商业联合会联手，将中国独角兽商机共享大会通过线上形式举办，为企业家抗灾自救提供商业资源交换服务，并取得了良好的效果。通过数字营销方式引入外域流量拉新和创业天使项目，拓展用户群体，用户呈跃进式增长，全年企业家用户数从30万增长到100多万。2020年疫情期间首次线上大会开幕当天，在线参会企业家人数超过两万人，对比以往传统的线下大会，参会人数暴涨10倍有余。2020年天九老板云年度报告统计，全年共直播2.1万场，累计直播时长高达8000小时。2020年天九老板云发布近300个独角兽项目，超390万人次观看。另有超过15万企业家在天九老板云App上发布商机，借助平台撮合成交超150亿元投资意向款，超10万人达成合作意向。全年高光时刻当数中国首款共享专机项目发布，6分钟内成交额超8亿元。

天九老板云具有两大核心优势：一是天九老板云具有超级企业家大数据资源，实名企业家用户超过100万，让在线谈生意更加高效，创造了5万多个商业合作机会；二是天九老板云具有优质新经济项目资源，近300个独角兽项目合作商机实时在线发布。企业家的背后连接着海量商业资源，商业资源流动与组合是经济发展的根本动力，这一点在天九老板云的发展历程中已经得到充分体现。这就是资源的力量，比之阶段性输入的资本，它的势能更强，后劲更足，长远来看对企业发展也更为有益。资本是"鱼"，资源是"渔"，只有合理的资源组合才能帮助企业长青。商业的价值在于资源的流动，互联网之所以能掀起时代的变革，正是源于底层数据的高速流动与交换。天九老板云手握商业交易的项目资源和企业家资源，同时肩负起智慧企业服务的重要责任。随着线上化、数字化、智能化的普及，天九老板云上聚合的企业家资源也将随着飞轮效应进一步递增，为合作、裂变、跨界创造更多空间。天九老板云突破了传统商务会议只能通过线下方式实现的短板，实现了项目路演在线化、项目洽谈在线化、项目成交在线化。

项目路演在线化

项目路演在线化的方式并非天九老板云首创，但它却将这种路演形式做到了极致，成为项目和企业家争相抢占商机的有效途径。天九老板云平台做到了路演文件标准化、路演方式程序化、路演内容丰富化。每个项目的路演文件基本一致，包括具有视觉冲击力的项目宣传视频，高端大气的路演PPT，项目形象宣传海报等。路演方式程序化体现在其项目路演的时候环环相扣，路演流程包括视频宣传、路演人介绍项目、互动问答、项目总结等多个环节，全方位展示，让观看路演的投资人可以充分了解项目。路演内容丰富化则包含了项目方的团队、商业模式、核心优势、盈利模式等，还可以在路演中加入项目的特色。在线化的路演方式解决了项目方和企业家的路演时间难题、空间难题和即时答疑解难的问题。传统方式需要联营企业家和项目方同时到达路演场地，由于商务人士时间上的自由度不高，很难把所有投资联营企业家聚集到一起。其次，传统方式路演需要投资人到达现场，全国各地的路演也存在时间上的冲突，参加北京的路演就不能参加上海的项目发布。天九老板云的在线路演，在时间上给予了项目方和投资方充分的自由度，空间上亦没有限制，项目方可以在公司直播路演，投资方可以在家观看路演，一天不同的时间段还可以观看多个路演项目。同时，在线路演过程中，投资人可以把项目存在的问题打到公屏上，路演人可以在问答环节及时答疑，双方可以在线充分交流。

项目洽谈在线化

所有天九老板云的会员在线观看项目路演，对感兴趣的项目可以直接在路演时和项目方负责人在线沟通交流，深入了解项目信息，提出针对性的问题。项目方负责人在路演云会场线上解答联营企业家(投资人)的问题，包括项目的投资回报率、潜在风险、落地周期等关乎经营的关键问题。双方也可以在线即时交流项目合作具体要点，比如选择合作区域、收益结算方式、付款时间节点等核心条款。天九老板云自主上线的企业家发布商机板块，完全是企业家个人需求和供给的输出，可以在线发布共享商机信息，提出自己的供给和需求，其他企业家看到后可以通过IM即时通信直接和商机发布者在线沟通。找项目、交商友是天九老板云用户的主要目的，线上洽谈的即时性对用户而言是必备功能，对话双方可以看到彼此的基本信息、商机供需的关键点，话题聚焦于商业，简单、便捷、高效的沟通方式有助于促成合作。

项目成交在线化

天九老板云作为一个商务社交云平台，嫁接项目资源和企业家资源的最终目的是促使用户之间产生交易，共享收益。"成交"是整个业务链条的最后一个节点，项目路演、商机发布和在线洽谈是"成交"的铺垫，线上商业社交活动的理想状态是线上成交，天九老板云也通过技术手段和交易支付方式实现了部分功能。"成交"包括所有流程,如商机寻找、双方洽谈、线上支付等环节。平台上的联营项目在路演时,联营企业家(投资人)可以直接点击"我感兴趣",服务秘书线上即可接收信息,及时向企业反馈信息。观看界面和项目介绍页有"抢占支付"按钮,意向企业家可以直接点击支付意向合作款。支付意向合作款之后,项目方团队和天九平台服务秘书联系客户,可实地考察项目,如果对项目满意,且自有资源与项目方非常匹配,则签订合同、支付款项,达成最终合作。用户通过"交商友"模块寻找商机,进入"商机"可查看所对应权限的商机信息,关注发布信息者可与其直接在线探讨合作,线上交流后彼此之间具有真实的合作意愿则可以基于信任成交。

天九老板云解决了各类用户的不同的需求,已然成为商业社交圈层的媒介,路演、洽谈、成交在线一站式服务为全球各地企业家线上面对面做生意保驾护航,线上形式深受企业家用户欢迎。随着技术手段的进一步成熟,产品线条不断完善,支付工具逐渐强化以及深层次的用户需求挖掘,天九老板云将聚合百万企业家商业势能,为传统企业转型升级提供突破口,打通商业痛点,抓住企业家的痒点,成为企业发展和企业家收益的新增长点。

O2O借助互动型经济突围

在疫情中单纯依赖于线下场景的业务模式因为疫情陷入困境。中国百年老店全聚德亏损,美国最大的连锁百货企业之一杰西潘尼(JCPenny)倒闭,世界最大印钞厂德拉鲁公司陷入破产危机。零售门店被迫关停,经营状况惨不忍睹;堂食餐饮门可罗雀;电影院受

前　言

疫情影响，大片纷纷撤档，闭门歇业。

线上新业态新模式却受疫情催化，加速崛起。直播"带货"火爆全网，港股新秀快手跃然成为国内第四大电商平台；线上零售逆势上扬，一骑绝尘，盒马鲜生等新零售平台依靠线上运营订单暴增；外卖成为"封闭期"居家必备，美团、饿了么等外卖巨头饱尝盈利美味；流媒体崭露头角，字节跳动买断《囧妈》，赚足眼球收割流量红利。全球最大的独角兽孵化平台"天九"被迫提前启动线上业务，线上化服务打通连接客户的最后一环，实现业务突破，业绩创造历史记录。

2015—2019年间，大量O2O概念企业倒闭，线上无法挣脱互联网巨头的流量霸权，线下无法挣脱"租金的诅咒"，线下和线上互动的驱动力不足。O2O曾经盛极一时，借助移动互联网的发展机遇，借鉴国外O2O鼻祖Groupon的运营模式，渗透至餐饮、社区、美业、旅游、教育、汽车、房产等各行各业，O2O新模式、新打法、新思路广泛应用于各领域。

O2O颠覆了传统行业，但理想很丰满，现实很骨感，打脸来得不仅很快而且很痛，倒闭狂潮一波未平，一波又起。2010年第一家团购网站横空出世，随即诞生上千家团购网站，经过疯狂搏斗，最终以美团和大众点评合并宣告"千团大战"结束；网约车行业竞争之惨烈丝毫不逊于团购大战，最终滴滴收购优步中国，再与快的合并，网约车之争宣告结束，滴滴一家独大的格局逐渐形成；共享出行摩拜、小黄车、哈啰单车的价格补贴大战打得不亦乐乎，资本游戏之下摩拜被迫委身于美团，小黄车香消玉殒，哈啰单车站队阿里。

如果没有新冠肺炎，2020年会是普通的一年，但因为这次跨越全年的疫情，倒闭潮席卷全球，日本2020年有900多家企业因疫情倒闭；英国有4000家金融公司因第一波疫情面临破产；澳大利亚有近41.5万家小企业倒闭，旅游、酒店业遭受重创。倒下的企业或许再也无法爬起，疫情不是它们倒下的根源，却加速了它们倒下，成为压死它们的最后一根稻草。

面对新冠肺炎疫情，另一些破釜沉舟实现线上线下互动的商业企业正在脱颖而出。直播"带货"，起步于淘宝，惊喜在快手。一个短视频平台竟然成为继阿里、京东、拼多多之后的第四大电商平台，颠覆一个行业者往往不是行业内的玩家，而是其他领域的企业，"跨界打劫"已经成为常态。

疫情使教育行业产生了全新的变革，线下机构停课，线上教育成为用户首选，进一步催化教育OMO模式，好未来、新东方等传统机构抓住机遇吸纳线上用户，猿辅导作为线上教育第一巨头受到资本机构疯狂追逐，2020年三轮融资获得35亿美元，估值高达155亿美元。

远程办公成为疫情期间各家企业的标配，居家办公的梦想终于实现。ZOOM、钉钉、企业微信等企业SaaS平台服务器被挤爆，根据艾媒咨询数据统计，"2020年春节期间，中国有超过3亿人远程办公，企业规模超过1800万家。"

互联网医疗平台在疫情期间可谓大放光彩，线上问诊、线上购药解决了患者燃眉之急。京东健康登陆港交所，掀起一波互联网医疗高潮，阿里健康和平安好医生股价应声上涨，互联网医疗三大巨头不断刷新市值，互联网医疗服务在资本的加持下将会推动医疗服务的可及性。

受疫情冲击严重的传统商业无须扼腕叹息，最终杀死自己的，都是自己的执迷。每个时代都有其主力消费群体，从"80后""90后"到"00后"，不同时代的人，消费习惯、消费偏好不同，伴随着技术演进，消费形式也在变化，物质生活水平不同，消费需求也不同。传统O2O只是形式上的线上和线下，线上和线下没有互动，没有联系，脱节严重，不能彼此汲取能量，成为融合体。面对变化的消费群体、消费形式、消费需求，传统O2O却没能抓住其根——不变的东西是"社交需求"，而互动型经济则成功激活了O2O。

以AI为代表的技术逐渐成熟

从疫情开始，出入公共场所的人天天都要扫健康码，消费者身份识别越来越没有障碍。线上购物、学习、娱乐时，商业推广者要求用户下载App，登录小程序注册账户，人们已经习惯于在线上和线下被要求注册各种App和小程序。

人与人之间的社交媒介，从书信、短信、电话到微信语音、视频，拉近了人与人之间的距离，提高了交流的及时性，增强了人与人之间的互动性，提升了交流的体验感，相信伴随AR和VR技术的进一步成熟，虚拟现实身临其境的社交互动体验感将会更强。应用到商业中，将会增强商家和消费者之间的互动，消费者在家可以切身体验看房、看车、看风景、试衣服，以后甚至可以实现人和人握手、拥抱，远程在线感受两个人的实体温度。

当下热门的先进技术包括AI、5G、大数据、云计算等，李开复说："从整个产业发展的角度来说，未来10年，我们看到的最大机会是传统行业的效率提升，'+AI'赋能，这对重构、提升中国经济将扮演一个重要角色。"5G技术提高了通信效率，其承载能力更强，满足了网络生态发展；大数据利于简化运营管理，可针对消费需求做出精准分析和推送；云计算提高了远程服务器存储量和数据处理速度。

以AI为代表的逐渐成熟的技术准备，为互动型经济的实现提供了技术条件。

疫情使得在线消费习惯被进一步培养

移动互联网出现之后，人们的很多消费习惯逐渐被改变，以前习惯于商场购物，习惯堂食，习惯在超市购买生活用品，习惯走最后一公里。而今天，我们习惯于线上购物，习惯点外卖，生活用品都在线上购买，最后一公里骑共享单车。

新冠肺炎疫情引发的居家隔离改变了不少人的消费习惯，尤其是在线消费习惯被进一步培养。居家隔离，无法出门，无论是年轻群体还是老年群体，都在使用电子支付、线上购物，日常生活用品也可以通过购物App下单，足不出户享受着快捷、方便的购物体验。

如前所述，在线教育、在线医疗、在线办公、生活服务等领域，各大平台用户增长量、交易量、日活、月活等数据猛增。根据艾瑞咨询数据，疫情期间在线学习人数达到6000多万；疫情期间，阿里健康的问诊页面累计访问用户1116万，累计在线问诊量超过104万人次；会畅通讯在互动平台上表示，在疫情期间，公司云视频SaaS用户数增长了十几倍，云视频SaaS在线时长增长约800%；疫情期间外卖平台的用户数量和订单量大幅增加，有很多老人开始使用美团App下单，截至2020年3月31日，美团平台交易用户数为4.5亿人，同比增长9%。

据QuestMobile发布的《2020移动互联网全景生态报告》，中国移动互联网用户月人均使用时长增长了12.9%，达到144.8小时。截至2020年4月，移动互联网月活跃用户达到11.6亿，同比增长1.8%；人均打开手机应用次数达到23.7次，同比增长3.9%。报告显示，小程序成为生活服务应用的重要入口，美团外卖、饿了么从小程序获取的流量均超过原生应用。电商在小程序中通过优惠券、社交裂变等方式，借助微信的社交流量触达更多用户，拼多多、京东的微信小程序用户均达到亿级。

上述数据足以证明人们更习惯于线上购物，消费方式已经发生根本性的变化，也为互动型经济创造了基本消费条件。

消费的社交符号属性加强

有人就有消费，在传统的消费方式下人与人之间的交流少；当线上交易频繁发生，人与人之间的交流更加便捷，交往边界愈发模糊。泛时空下与陌生人之间的交流逐渐超过与熟人的互动，消费行为中社交属性变得更强，原本的陌生人因为共同的消费喜好成为同类群体，消费社交变成一种符号。

有人就有社交，当下"种草"成为流行语，体现出来的也是消费者之间的消费社交属性，一个人购买某产品后向身边的亲朋好友推荐，或者用户在网站或购物平台寻找到某一好物，先加入购物车或者收藏，待日后购买。在各大社交平台如微信、微博、抖音、快手、知乎等，用户将自己购买的产品链接发送到朋友圈、微博社账号，熟人和陌生人会因为共同的兴趣而响应，默默加入购物车的行为也是"种草"。"种草"的行为及后续消费的实现是一种社交现象，而这种社交现象的符号属性逐渐强化。

比如名媛"打卡"成为一种社交方式。上海名媛拼团"打卡"高档酒店、下午茶、名牌包包，15人拼住一晚丽思卡尔顿酒店、40人拼住一晚宝格丽酒店、60人拼租一天法拉利跑车，其背后是某类具有共识之人的共同社交需求，也是她们共同的社交方式，"名媛"就是她们的符号。

盲盒成为潮玩圈层社交方式。潮玩盲盒巨头泡泡玛特为年轻人提供了社交新体验，而其高复购率的背后是潮玩的社交价值，"潮玩"成为他们的符号，形成了一个"潮玩圈层"。泡泡玛特成立了国内首个潮玩社区平台，以"物品+情感"连接消费者，形成了一个稳定的社群，大家在分享、交换、交易中，提高了对潮玩的认同感。

因为相同的兴趣爱好、共同价值观成为一类群体，人与人之间的关系属性成为相同的社交符号，社交符号凝聚了消费者的心理情感。除了消费者的社交符号成为一种趋势外，以企业家群体为代表的商业社交价值越来越高。商业社交的主体是参与商业活动的个人，按照行业性质、企业规模、学习兴趣、投融资等不同维度划分，每一个企业家都是一个传播的媒介点，收到传播信息的新对象会是一个新的节点，并持续扩大社交规模。

天九老板云——从"消费符号"到"社交符号"

首先，天九老板云是一个消费平台。企业家在天九老板云上购买产品、购买会员服务和其他服务都是消费行为，其观看路演项目、投资项目的行为其实也是一种消费行为，而这种消费行为具有潜在的投资收益价值，具有天然消费属性。

其次，天九老板云是O2O超级商务平台。作为中间媒介平台，天九老板云嫁接了项目方和企业家两类用户，而企业家群体是主要客户，他们扮演着消费者和投资者的双重身份，其中投资者的属性更强。所有的用户可以通过"交商友"寻找合适的商务合作伙伴，共同发现商机，共享商务社交收益，在此层面它是一个商务平台。

最后，天九老板云更是一个社交平台。天九老板云向用户公开发布路演项目，企业家在线看项目，用户之间可以在线沟通交流、分享、评论，慢慢形成项目的共同理念，成为平台的用户即代表着他们有共同的需求——寻找优质项目的投资需求。除了线上路演，该平台还配套线下独角兽商机共享大会，优质独角兽企业在线下路演中供企业家择优选投。线下的独角兽商机共享大会则为大家提供了切实的社交场景，他们拥有共同的社交符号，即"企投家"，共同的符号增强了社交黏性。

O2O没有达成的事情，借助"互动"实现了

本书以马斯洛需求层次理论为出发点，详细阐述了互动型经济的人性基础，消费社会是互动型经济的社会现实基础，从物到人则是互动型经济的历史人文基础。互动型经济的主体是"人"，不言而喻，人分为多个群体，并非所有人都是互动型经济的主体。在消费社会，人们更多关注商品的符号价值、文化精神特性与形象价值，而有时间、精力、金钱享受这些，并日渐壮大的"有闲一族"，则成为互动型经济真正的主体。

从工业时代到数字时代，坚如磐石的"固态时代"被流沙式的"液态时代"替代，"液态"下的商业社会，最关注的是消费者，商业之中物质交换是低层次的需求，"液态时代"更高层次的需求是社交，社交即商业。商业赋之以生物理念则成为商业生态系统，该系统存在强关系和弱关系，从人际关系角度分析，血缘、地缘和业缘等组成的关系是强关系；弱关系是非熟人间的连接，每一个人即一个连接点。在移动互联网发展之下弱关系商业生态业已形成，成为商业社会中的主要动力，弱关系依靠社交连接，互动则强化社交关系。

移动互联网发达如斯，技术变革引发"轻媒体"潮流。轻媒体的首要特征是"轻"，轻的特质塑造了社交网络、直播电商、社交电商、社群营销等不同的业态。而其本质则是"互动性"，轻媒体是双向甚至是多向传播，增强人际互动性。轻媒体融合了纸媒、电视媒体、网络媒体、自媒体等不同形态的媒体，打破了传统媒体形态的边界，为互动型经济的发展提供了得天独厚的传播条件，进而成就了互动型经济八大场景，即移动社交、移动电商、泛娱乐、移动支付、移动搜索、移动出行、生活服务及移动办公。

移动电商场景下直播"带货"成为疫情中为数不多的风口行业，成了网民注意力经济的重要延伸，其依托的是人与人之间的社交关系。直播"带货"之所以火爆更源于主播和用户之间的互动性，线上购物和线下供应遥相呼应，这正是互动型经济的典型风貌和生动形态。

直播"带货"是互动型经济激活的一个典型应用场景，如果把O2O分为上半场和下半场，那么上半场就是"圈地战"，下半场是"圈人战"；上半场是"流量"思维，下半场是"留人"思维。上

前　言

半场玩家疯狂融资烧钱大打价格战，通过补贴吸引用户，短时间内确实可以受到用户的喜欢，一旦补贴取消，用户则毫不留情转身而去。上半场的玩法难以触及用户内心深处，无法深度绑定客户，导致客户留存率低、转换率低。下半场面对的是具有一定消费能力、个性化需求的用户，谁能留住客户，谁就将占领战略制高点，而互动型经济则是O2O下半场的激活因子。互动型经济激活O2O的手段是通过算法推送，精准锁定用户需求，视频直播增加商家和用户之间的互动性，数字化营销渠道紧密连接商家与客户。

为了帮助读者了解互动型经济，本书罗列了天九集团内部孵化的典型案例，包括"田园综合体""共享养殖""美甲""汽车新零售""互联网法律服务""生活服务"等领域。对实现线上线下联动，完成商业模式闭环，取得丰硕成果的项目和正在探索的项目，进行了深入浅出的剖析。虽然笔者对案例进行了实地调研走访，但因水平和精力有限，案例仅为个人特定时间背景下得出的结论，不尽完备之处望读者海涵。

可以说，互动型经济是在社会物质极大丰富之后"有闲一族"对更高层次物质和精神的追求之下诞生的。随着5G、大数据、云计算以及人工智能等高端智能技术的普及程度的加深，社会生产效率和商业效率将会得到进一步提升，属于"有闲一族"的人将会越来越多，进一步促进互动型经济规模的发展。

作　者

目　录

目 录

第五章
"带货"简史：从"带货"到"带项目"

第六章
互动型经济激活O2O

第七章

互动型经济的探索

第一章

丰裕社会、"有闲一族"
与互动型经济

　　加尔布雷斯提出人类进入丰裕社会，丰裕社会的消费不再以满足直接的生存需求为目标，"有闲一族"的消费习惯也发生变化，变成了要创造意义，因此建立在"互动"基础上的商业生态呼之欲出。

　　1920年，经济学家凯恩斯曾发出一个预言：经济问题将在百年内终结。一百年过去了，今天，人类遇到了真正永恒的问题——从经济束缚中解放出来以后，人类应该怎样面对自由？

马斯洛需求的 8 个层次："互动型经济"的人性基础

人类经济社会现实的演进,基本上围绕着满足人性在不同层面的需求展开。

1943年,人本主义心理学家马斯洛发表《人类动机的理论》,其中概括了人类5个层次的需求,这就是著名的马斯洛需求层次理论。经过数十年的丰富和扩展,马斯洛最终确定了以下8个层次的需求,如图1-1所示。

(1) 生理需求:人们最原始、最基本的需要,如衣食住行。

(2) 安全需求:劳动安全、生活稳定、免于灾难、未来有保障等。

(3) 社交需求:归属与爱的需要。

(4) 尊重需求:自尊、他尊和权力欲。

(5) 认知需求:对自身和周围世界的探索、理解及解决问题的需要。

(6) 审美需求:对美好事物的追求及欣赏。

(7) 自我实现需求:竭尽所能,使自己趋于完美,实现理想和目标,获得成就感。

（8）自我超越需求：实现"自我实现"后出现的短暂"高峰经验"。

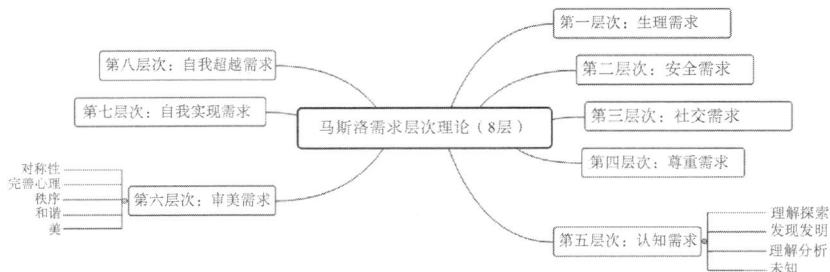

图1-1　马斯洛需求层次理论

马斯洛认为，人类的需求越是低级的，就越基本，越与动物相似；越是高级的需求，就越为人类所特有。这些需求都是按照先后顺序出现的，当一个人满足了较低的需求之后，才能出现较高级的需求。也即，只有基本的生理需求和安全需求得到满足后，人们才会关注社交、尊重、认知、审美、自我实现乃至自我超越的需求。如果说基本的生理需求和安全需求的满足，对应的是生产性劳动、农耕文明和工业文明的社会形态，其他高级需求的满足，更多对应的就是商业文明、信息文明以及万物互联时代的人际互动。

所有这些植根于人性的需求，都是经济社会的演进所要面对的人性基础。

当社会物质极大丰富，技术革命把匍匐在生产线上的人们彻底解放出来，当人们拥有了足够的闲暇，谁能穿透令人眼花缭乱的经济现象，创造出超越产品实用功能的需求，并满足人类更高级的需求，甚至创造出更高的生存意义，谁就站到了时代的浪潮之巅，决定了新的商业形态。

从丰裕社会到消费社会：互动型经济的社会现实基础

1958年，美国经济学家J.加尔布雷斯在《丰裕社会》中提出"丰裕社会"的概念。由于他在该书中准确地描述了当时美国的社会经济现实，这一概念开始在西方广泛流行起来。

在丰裕社会，几千年来由于生活贫困和物资缺少而酿成的困局宣告结束，取而代之的是物质生活的极大丰富。进入丰裕社会的美国，甚至已经富裕到了"死于食物太多的人比饿死的人多""人们有时故意把衣着穿得破烂一些"。少数人贫困的原因只是个人或家庭的特殊性质和地理环境。卖苦力的劳动者人数减少，空闲时间增多，工作变得悠闲和愉快。

《丰裕社会》在战后世界经济恢复繁荣的时代问世，那时候西方世界开始享受高生产率带来的物质充裕，经济领域的主要任务是创造需求，以赶上不断提高的生产率。经济繁荣还带来了繁荣兴盛的社会生活——越来越多的人获得了有意义的职业、自我实现和个人成长。这种兴盛的源泉是现代价值观，例如，参与创造、探索和迎接挑战的愿望。这样的价值观点燃了实现广泛的自主创新所必需的草根经济活力。大多数创新由千百万普通人共同推动，大众参与的创新带来了庶民的繁荣兴盛，消费者信心高涨，这是丰裕社会的正面意义。

加尔布雷斯的洞察力，在于看到了生产者对消费者需求的支配性。丰裕社会是消费社会的前提。在丰裕社会，已经不是需求在推动生产，而是生产在创造人们的需求。无孔不入的广告在引导人们消费指定商品的同时，也在影响人们的消费习惯，塑造人们自己都未必意识到的各种深层需求。人们由此从丰裕社会迈入消费社会。消费社会主要的经济生活特征是，生产相对过剩，消费成为社会生活和生产的主导动力和目标。在《消费社会》一书中，法国社会理论家让·鲍德里亚提出以下五个重要观点：

(1) 消费社会使日常生活商品化。

(2) 消费社会制造了平等幻觉，也让个体沉湎于自我消费。

(3) 消费社会的本质铸就了大众文化的繁荣。

(4) 在消费社会，传媒成为制造欲望需求的重要工具。

(5) 商品乃至人本身在当下社会日渐符号化，人们开始不由自主地追求"意义"。

在消费社会，人们更多关注商品的符号价值、文化精神特性与形象价值，价值与生产都具有了文化的含义。人们的购买行为不再注重实用价值和实际需求，而是为了寻找某种感觉，体验某种意境，追求某种意义。在这种消费结构下，商品和服务的流行性越来越强，而流行周期越来越短。这也是现代消费文化的实质。此外，文化象征化并不局限于消费领域，现代社会的政治、经济以及生活与娱乐领域，都充满了新的象征符号和新的象征意义。

鲍德里亚还指出，消费社会里的普通人向自由时间要求的"并不是尽责的自由"，而首先是标榜自己时间的无用性，"作为奢侈资本、作为财富的时间的富余，休闲时间就和消费时间一样。"

以上构成互动型经济的社会现实基础。

从物到人：互动型经济的历史人文基础

加尔布雷斯在《欲望策略》中说道，要适应丰裕的生活不容易。因为从历史的维度看，能够在一代又一代人之后留存下来的是物品，是经久不衰的工具或建筑物；而现在，看着物品不断涌现、迭代，走向完善与消亡的却是人类本身。

反观原始社会时期，也处在一个"丰裕"的社会之中，马歇尔·萨林斯称之为"初级的丰裕社会"，那时候私有财产还没有出现，人们在物质上处于绝对"贫困"，但是他们却能够在生活里得到让自己满足的东西。因为原始社会的丰裕不是建立在财富上，而是建立在人与人之间的具体交流中，正是这种交流关系使得社会变得"丰裕"。

进入丰裕社会，如何避免或者超越"物"的异化，重新看到"人"以及"人"的真实需求，构成互动型经济的历史人文基础。

在数字技术的配合之下，线上交易和线下商超交织成立体的消费景观，消费者沉浸其中并从一个商品向另一个商品漂移，通过消费造就了消费社会，也随之像提线木偶一样被消费社会所支配。当消费者通过不断的消费来实现群体跨越或地位提升，也使得消费行为越来越符号化。各种昂贵的品牌产品、顶级的电子设备以及奢侈品，凡是在购买过程中能获得身份快感的，就成为人们用以突出自身的符号。消费者的行为目的已经不是"物"，而是通过各种出奇翻新的消费行为加入更理想的团体或者圈层，寻找同类或者有更高消费观的人们。

现代意义上的文明与富裕，就成了幸福符号的积累，而这种符号无关乎现实也无关乎真相。就像在消费社会里，消费者关注的焦点不在于商品(物)的使用价值，而在于其指涉的意义。人们通过各种消费行为来凸显自己，寻找自己存在的意义，确定"人"本身的存在。

"有闲一族"的出现：互动型经济的主体形成

2019年年末爆发的新冠肺炎疫情已经席卷全球。

正如丘吉尔所说的，"不要浪费任何一场危机。"隔离政策下的隔离生活，也让公众集中体验到，何谓"有钱+有闲"及其带来的商业生态的进化。除现有的线上企业生意火爆，各行各业的消费场景，进一步加速了线上转型。技术、认知、习惯、传播也随之加速了变革。联合国人权和难民高级专员联合发表声明，指出2019年新型冠状病毒肺炎疫情是对人类社会的系统、价值观和人性的考验。2019年之前的社会生活节奏和经济形态已经成为过去时，疫情按键之后，重启的是一个深度觉醒的新世界。

在中国，数字基础设施如电子商务、移动支付、金融技术都比其他国家发展得更先进、深入。社交网络在信息的传播和交换中，史无前例地承载起了抗疫的使命；数字技术使得远程工作、远程教育、远程购物成为可能；借助于大数据，可以精准地探底当代社会不断分化、不停升级迭代的需求。

疫情凸显出来的是，一方面，广大民众因为隔离政策和隔离生活，被设置为"有闲+有钱"的生活状态，其现实背景是近年来的世界经济持续增长；另一方面，在中国的大都市里，这一情景已经日益成为一种经济社会现实。

现代消费文化主要是以中产群体为基础，满足或引导一种体面生活的消费，而具有购买力、闲暇时间、教育素养，又愿意追随消费时尚、关注生活风格变化的社会群体，正是现实意义上的"有闲一族"。这些不直接从事劳动生产，却掌握大量财富支配权的社会人士，构成了丰裕社会中的经济主体。

换言之，日渐崛起和壮大的"有闲一族"，成为互动型经济的主体。

"有闲一族"的经济生活特征和消费模式

据世界奢侈品协会统计，2010年亚洲游客在欧洲奢侈品市场花掉690亿美元，其中中国游客花掉500亿美元。消费奢侈品不仅为满足自身的物质需求和享受，更重要的是让其他社会成员了解自身有闲有钱的身份地位。

"有闲一族"，大致以政治、战争、宗教信仰和运动比赛、娱乐休闲为主要业务，成为从事非生产性工作的群体。他们的经济生活特征是摒弃生产性劳作，通过承担政事活动、运动比赛，取得准学术或准艺术的成就区别于其他群体，通过明显浪费或者炫耀性消费来引领其他群体的流行风潮，他们常以奢侈或者个性化的衣食住行，一定程度的学识修养、艺术修养，各种精神享受等为表现形式的消费，压倒单纯的物质消费，从炫耀金钱转向炫耀品位，借此获取存在感，满足虚荣心。

"有闲一族"掌握着社会上大量的物质财富和社会资源，这对于社会的发展是不可缺少的，从衣食住行到审美、休闲，体现的是"有闲一族"的浪费原则和荣誉原则，富足的生活和流动性社交，使得这个群体接触的社会面和人群范围更大。

到21世纪，人工智能革命正将人类从复杂的脑力劳动中解放出来，知识的创造、储存和传承模式以及社会经济的运行模式，也将随之发生根本性改变。人工智能首先彻底改变了生产者与生产资料的关系。大量无人工厂、智慧工厂的产生，使得人类正在远离生产过程，社会经济、就业结构发生根本性改变，影响着现实中的每一个人。21世纪的人工智能将导致大量"有闲一族"的诞生，催生新的经济理论。当然，这里的"有闲一族"更富于时代内涵。如尤瓦尔·赫拉利《未来简史》所言，这一群人没有任何经济、政治或艺术价值，对社会的繁荣、力量和荣耀也没有任何贡献。这显然是贬义的。新一代"有闲一族"是经济理念需要重新命名和照亮的群体，他们的"生存意义"，正是时代需要因应的重大命题，是商业社会需要制造、发掘和满足的"需求"。

以社交化时代的消费文化为背景：互动型经济的命名

当代人经历了经济改革和腾飞，目睹了"消费—符号"的商业化进程，还受到了"信息—编码"时代的影响。当消费社会借由数字化社会转型进入一个全新的社交化时代，互动性、平等性和开放性日益突出。

通过互动，发掘大众的消费需求。网红经济创造了新的传播方式与增长方式，围绕网红产生的新商业链条和盈利模式，逐渐从"人"和"物"延伸到"个性化品牌"层面。基于数据的网红式包装、基于社交的网红式传播，以及基于品牌的网红式商业变现，成为网红经济的三个主要环节。

同时，互动型经济可以作为人工智能时代的经济形态和社交化时代的底层代码。在以生产为中心的时期，消费为生产服务，而现在，处于"文化与消费两者都在社会组织内或社会组织间起着更为关键作用的新阶段"。城市密集的购物中心的存在，推动了"有闲一族"对新生活方式的认同。各城市新型商业广场、影城、会所、健身俱乐部、别墅区、星级宾馆、游乐中心、度假胜地等休闲娱乐设施的大规模出现，也是"中国速度""世界工厂"的另一证明。人们住在高档小区，就会去会所练瑜伽、用跑步机，雇钟点工，开车去超市购物，穿个性化的品牌服装，用时尚、流行打造自己，用这种文化经验去证明与表达自我。很多进城务工人员与其子女，也享受了物质上的舒适，因此提出了更高级的需求。

在城市化、商业化与人性交互嬗变的背景下，人们争先恐后地跨入一种更为相对的"多元景观"，标志着普遍化的文化资本积累。人们不仅仅消费具体的物质商品，还消费互联网上视觉的、娱乐的、想象的文化影像，消费流行的生活方式。这些消费需求，都带着新一代"有闲一族"的时代特点。

未来二三十年中，随着中国城市化、城乡一体化的日益加速，城市化率将可能达到65%~70%，中国正在打造消费大国，推进产业升级，网民将达到七八亿人。这一社会生活的主体人群是全球化背景下成长的一代，网络在线的一代，生活开放的一代，他们会对世界主要国家的情况有足够多的了解，他们拥有的参照系，是全球化下的文化参照系。

互动型经济可以在一定程度上使人与市场更加紧密地结合在一起。通过商业的、技术的、社交化的经济生活立体衍射，塑造新的文化景观。而当代中国的消费文化是与现代性、市场经济、全球化相联系的消费文化，关系着社会意识层面的深刻转变。

从技术上看，中国已经是一个多媒体的信息化社会，西方消费文化下的所有技术景象，中国都具备。在这几十年中，中国走过了西方国家几百年的路，几乎重现了西方消费时代的所有特征。

基于当下的经济社会现实，我们看见并命名了这种新型的商业生态——互动型经济。

第二章

社交即商业

随着丰裕社会的到来，互联网对全球经济改造的日渐深入，品牌不再是商业的唯一流量入口。在商业领域，"场景""体验""社交"等热词频频出现，"IP形象""新媒体体验展"等实践形式层出不穷。行业创新的迅速迭变推动着商业生态的演变，商业的未来已经不是资源的简单累加，需要的是商业逻辑上的根本进化。当消费者迭代为全新世代，社交成为一种生活的基本元素。"80后""90后"作为互联网原住民，引领着社交语境与消费市场的巨变。人们在情感模式、价值观念、身份认同或者生活方式上，形成了多元的部落族群，以某种共同认知、体验和习惯作为"图腾"。无论是品牌还是实体，跻身消费者的社交价值链都势在必行。

"社交即商业"的时代，带着鲜明的开放性与创造性，孕育着全新的商业格局，这是基于互联网思维产生的商业新物种。

液态时代的商业生态特征：社交即商业

20世纪90年代，美国学者詹姆士·穆尔就以生物学中的生态系统来描述市场中的商业活动，提出了"商业生态系统"这一概念，打破了传统的以行业划分为前提的竞争战略理论的限制，力求"共同进化"。

随着移动、社交和实时这技术金三角稳固矗立，技术成为大众生活方式的一部分。从线下到线上，从实体到虚拟，从人机端到手机端，从移动互联到万物互联，从万物互联到智慧互联……在互联网技术的快速迭代中，人与机，人与人，人与物，物与物的连接，跨越时空和方式，带来超乎想象的商业生态进化。

从工业时代到数字时代，坚如磐石的"固态时代"被流沙式的"液态时代"替代。行业的游戏规则不断被打破或被重新定义：比较优势被价值优势取代，商业寻求更加精准的顾客价值；物理空间带来的局限区隔和信息不对称被互联网技术彻底摧毁，物理层面的整合产生的商业机会和商业价值趋近于零，新的商业底层逻辑渐渐形成。

　　液态下的商业社会，最关注的是消费者。在消费者主导的社会，时间性取代了空间性，尽快敏锐地捕捉并满足消费者的诉求，成了所有商业行为的出发点。传统的社会结构和关系被离散，传统的价值链被破坏。未来的产品，在生产之前就知道它的顾客是谁了。个性化时代的到来，将彻底打通全球产业链和贸易结构。商业的社交属性，被前所未有地放大为"社交即商业"。

　　未来，连接比拥有更重要。平台公司创造出更为多元和深厚的关系，比如合作关系、偶像与"粉丝"关系、亲密关系等，关系本身就会创造出不同的价值。人们开始真正去经营用户关系，从买卖关系到服务关系延伸至共生关系；人们开始真正去关注"人"本身，从以产品为核心到以服务为核心，以满足甚至去创造消费者的需求为基本逻辑，产品则虚拟化、增值化；商家和消费者的界限越来越模糊，消费者成为生产者，价值共享、共生共荣成为商业逻辑，供需双方彼此赋能加持、共创价值、共享发展。

　　新的商业秩序符合社会经济发展的趋势和人性的本来，人们一方面在自己选择的领域做最好的自己，另一方面选择与他人共生共建，实现新的商业生态下的共享共赢，把商业变成一场大型的"社交舞会"。

商业成为充满仪式感的大型"社交舞会"

　　"社交舞会"来自西方，原本带有浓烈的精英文化和宫廷文化色彩。

1780年，英王乔治三世为莎拉王后(Queen Charlotte)举办了一场盛大的社交舞会。为了彰显舞会的重要性，乔治三世举办了一场特别的召见社交名媛的仪式。此后，"元媛舞会"便成为年度社交舞会，并且成为英国社交文化的核心。元媛舞会在西方社会极受重视，国际性的元媛舞会更是皇孙贵族、国家元首、社交名人和国际明星的女儿们亮相之最佳平台。

高端的社交舞会，在着装要求、具体流程、现场装饰、邀请方式、活动流程、嘉宾身份筛选方面，都有既定标准。受邀者甚至还要经过漫长的培训，熟悉相关礼仪和需要规避的禁忌。总之，这是近现代以来，人类最具仪式感的社会活动。

人类为什么需要仪式感？知乎上有个高赞答案是这样回答的："仪式感为每一个普通的日子和动作，标定它背后的精神内涵。"当电商把一个平常的日子赋予特殊的使命和含义，就把普通的消费行为变成一场购物狂欢；当平台上的偶像把某种行为同"粉丝"当时的感受结合起来，每当重复执行这一行为，都会唤醒"粉丝"们的感受，这就是仪式感强化或者启动的"粉丝"经济。仪式不止，消费不止，商业行为花样百出。

传统的商业生态，基于一种人际强关系。现在的商业关系，更像一场巨型的社交舞会。可以说，移动互联时代的商业本身，就是一场巨型的社交舞会。它不停地向所有社交圈层延伸，推动社交圈层发生着结构和关系的裂变，沿着不可预料的逻辑链条不断进化。依赖社交媒体和商业平台，社交化时代已经孕育出平台模式、数据模式以及免费模式等对行业具有颠覆性效应的新型商业模式。

　　社交化趋势下的新兴商业模式有三大显著特征，一是"粉丝"经济，消费者与企业的关系发生了明显变化，消费者从被动的信息接收者变为主动的信息获取者和活动参与的"粉丝"；二是极致体验，产品从单一的功能载体向服务载体转变，与文化、价值观相融合，企业将产品或者服务做到极致，为消费者提供极致的产品和服务体验；三是跨界融合，不同行业纷纷吸纳互联网元素，融入自身行业内容。

　　这场巨型的"社交舞会"充满了仪式感。比如网络电商确定的各种购物节："双十一""双十二"，乃至"五二零"(我爱你)、"女神节"等。

　　某种程度上，仪式感属于一种心理锚定。心理学上的"锚定效应"，指的是当人们因事物的不确定性而产生恐惧时，可以通过一段预测、设想的过程来降低内心的不安，获得确定感和秩序感。众所周知，所有的仪式，几乎都要经历一连串烦琐的程序，在这个过程中，通过耗费更多的时间与精力来聚焦心神，以便进入状态。不论是着正装参加职场面试，还是通过私人订制信物，单膝跪地表白确定恋爱关系，都是通过一种仪式给对方带来积极的心理暗示。很多体验式消费，尤其需要通过一些充满仪式感的流程来达成。

从坐在闺房等待"父母之命"到积极参加社交舞会

　　如果把当代商业比拟为一场巨型的社交舞会，比拟为当代婚恋文化中的自由恋爱、多元情感关系甚至开放式婚姻，传统商业就好比旧时代的"父母之命，媒妁之言"。

社交舞会上的交流准则乃至达成交易的方式和特点，已经与"父母之命，媒妁之言"的时代完全不同。仅从婚恋文化的演变上看，从听命于父母到婚姻自主，从门当户对到爱情至上，从轻易不婚到离婚率逐年攀升，无不显示着现代婚姻观念和生活方式的变化。最初，互联网婚恋平台也只是为传统婚恋提供了技术支持。迅速崛起的社交工具如微博、微信，为陌生人的交流提供了相应的空间，逐步蚕食了互联网婚恋平台的影响范围；稍晚出现的陌陌、探探之类交友软件的兴起，则为婚恋市场带来了更大的冲击。微博作为社交平台，不是简单的线下人际关系的迁移，它在一波唱衰声后咸鱼翻身，成为按兴趣分层的内容平台，微信则成为一个超级应用。这些社交工具，在整体上构成一个"一多互入"的超级社交网络，类似于传说中的因陀罗网，即挂在帝释天宫殿之网，网目皆以明珠严饰，珠珠明彻，互相含摄，互相现影，影复现影，交相辉映，重重无尽，千光万色，不可名状。

文明，本来意味着人们可以有多种选择，拥有更多选择的自由。互联网时代的婚恋文化，始于自由选择，终于选择自由。当女主角从深闺中走了出来，男主角也同时从家族延续和祖先祭祀的重负下解脱出来，恢复到"人"本身，获得了清晰的个体边界和主体性。个体出现，个性彰显，多元需求，交易自由，经过各种或复杂或简单的仪式，个体或者以个性化品牌为旗帜的组织，纷纷拿到了这场时代舞会的入场券。

人们不再需要被动地等待，也不必听命于长辈或者权威，在既定规则之下，无论是在现实的还是虚拟的社交场合中，都可以随时随地出现，随时随地被看见，随时随地发生连接，随时随地得到回应。一代代网红，会因为莫名其妙的事件或者展现了某些个性特点，得到令人瞠目的流量关注；各行各业的主播，或代言或"带货"，各领风骚。只要踩中了时代的情绪或者命门，有人仅凭一己之力就可以获取超乎想象的商业利润，一夜之间超过某些传统企业数十年的积累。个人的价值，被无限放大。

毫不夸张地说，这场巨型的"社交舞会"，已经跨越了年龄、国别、民族、性别，甚至物种。据说在欧美，很多两岁以上的儿童都拥有自己的社交账号，甚至有很高的活跃度，不仅是儿童，有的宠物网红，也拥有自己的社交账号。

当然，这里提及了一些比较极端的现象。在"社交即商业"的时代，个人的价值和需求都得到了前所未有的表达、看见和满足。英雄不问出处，逆袭随处可见，各类大小梦想，遵循着不同的节奏和逻辑，来到一个全新的商业生态中。

天九老板云以大数据驱动 O2O 商务社交变革

O2O商务社交是互联网发展下的产物，从原来附着QQ和微信的泛商业社交到垂直细分领域的商务社交平台，越来越趋向聚焦。商务社交本质上是人与人之间的社交关系，而其目的则是以商务为纽带，通过线上或者线下的方式积累人脉资源，参加平台线上或者线下活动巩固人脉关系，以促成彼此之间的商务合作。

O2O商务社交涉及三方关系，即商务活动的交易双方和平台方。对平台而言，交易双方均是用户，平台方为用户搭建沟通和服务的桥梁，以线上或者线下的方式串联起用户的关系，连接数万个甚至是百万千万的商务关系节点，点与点之间聚合成数据，数据驱动下的商务社交打破了传统商务社交的路径依赖。传统商务社交依赖于线下面对面的社交方式，线下商务社交受空间和时间限制，而且耗费精力，收效甚微。

大数据社交商务平台定向精准、多维洞察、效果俱佳，从线下场景到线上服务，挖掘用户目的，从用户的需求出发，全方位分析，帮助用户精准锁定目标合作对象，打破了时空限制，提升了社交效率和效果。传统线下商务社交通过交换名片初步了解，线上商务社交用户在线编辑名片信息，发布需求和价值供给，平台大数据精准匹配用户供需。平台可以通过从线上社交关系扩散到线下，并通过线下沟通，反馈到线上，周而复始，让高品质服务更多地服务于社会。

天九老板云是O2O社交超级商务平台，积累了100多万企业家数据资源，多维度挖掘用户需求。首先是企业家的商务社交诉求，包括赚钱商机、人脉、资金渠道、客户网络、产品供应、企业管理、咨询服务、业务运营等多方面的需求，其中最主要的是商机。一是企业家可以自主在平台发布商机信息，寻找合作伙伴，共享商机红利；二是天九老板云为全国各地的企业家提供了数百个商机项目，满足企业家尤其是传统企业家业务转型的需求。

天九老板云通过追踪用户的访问习惯、观看项目路演的停留时长、意向款的交付频率、商机信息的回复率等多维数据，挖掘用户行为背后的心理，并向其推送类似项目及相关项目路演信息，增强用户黏性。为了提高用户体验，天九老板云从用户角度出发，不断迭代升级，以最简洁、便捷的交互方式强化用户参与感、满足感、价值感。

企业家用户不同于一般C端用户，企业家用户具有双重身份，其作为企业主宰者的身份或者高净值人群的身份价值更高，与此同时相对于平台其具有话语权和主动权。天九老板云依托于天九集团30年来的数据资源积累，充分掌握了企业家用户的诉求，让数据服务真正实现个性化，通过将不同等级、不同投资偏好、不同行业分类的用户数据清晰准确地挖掘并分析出来，从而实现个性化需求的精准服务。天九老板云多元化数据挖掘、个性化用户体验、精准化策略的深度融合，让数据投放变得更精准、更高效，同时逐渐发展为更加程序化的服务，实现了商务社交变革，使得商务社交价值最大化。

第三章

弱关系商业生态

2019年年末，新冠肺炎疫情突如其来，打得人们措手不及，对我国社会经济发展造成了严重影响。根据国家统计局网站公布的数据，我国2020年第一季度GDP同比下降6.8%，环比下降9.8%。电影院、线下餐饮、线下零售、线下教育、地产等强关系商业生态受到剧烈冲击，降薪、裁员、破产、清算接踵而至。反观线上教育、线上办公、线上医疗等弱关系商业生态却逆势崛起、蓬勃发展，如雨后春笋般出现。

两种不同生态的企业在疫情中的反应产生了巨大反差，彰显了弱关系商业生态的优势，其连接关系虽弱，但是连接数量大，更加灵活，反脆弱性强。根据邓巴数字定律，一个人维持紧密人际关系的人数上限是150人。在这些联系人当中，约20%是强关系连接，80%是弱关系连接，可见弱关系连接是不可忽视的巨大社交需求。移动互联网时代，人是一切的中心，人与人、人与物的连接产生了大量的"关系"，商业发展的驱动力从流量转换为企业和客户关系。

弱关系及其商业内涵

商业关系的本质就是人际关系，但由于技术条件、商业规则、地缘关系等限制，供需双方选择余地较少，被迫形成强关系的传统商业生态。移动互联网技术的迭代更新促使信任基础增强、交易方式简单、支付方式便捷，迅速扩大了弱关系的连接范围，突破了强关系连接窘境，使得依附于强关系的商业生态逐渐转为以弱关系为主的商业生态。

人际关系的基础就是信任，弱关系商业生态在信任感增强的基础上枝繁叶茂，就成了社会经济发展的题中应有之义。通过梳理弱关系商业生态的一般模式，对比传统强关系商业生态和现有弱关系商业生态，我们可以看到现阶段弱关系商业生态存在的问题，并据以展望其未来发展趋势。

"弱关系"一词由美国社会学家马克·格兰诺维特于1973年提出，是指人们由于交流和接触，产生联系较弱的人际交往纽带。弱关系主要靠契约来维系，具体表现为互动次数少、互动频率低、亲密程度低、互惠交换少而窄①。实际生活、工作中弱关系无处不在，弱关系是信息之间相互传递的桥梁，信息传递就会产生变现，变现就会衍生商业。

商业中的主体包括供应商、渠道商、采购商、消费者等，不同主体之间的交易、互动产生关系，并形成商业生态。商业生态系统理论的代表性人物James F. Moore(1993)指出，商业生态系统是由个体、组织和子系统组成，以组织和个体的相互作用为基础的经济联合体，这种经济联合体生产出对消费者有价值的产品和服务。组织和个体是商业生态系统中的有机体，而有机体之间产生的关系有强亦有弱，进而形成了强关系生态和弱关系生态②。

对于我们要重点讨论的弱关系商业生态，可以从以下几个方面理解。

第一，弱关系商业生态的双方关系，指卖方和买方之间的交易关系，卖方多为企业组织，买方包括消费者个人、B端客户群体，也指供需双方之间的关系。

第二，弱关系商业生态是企业和消费者连接不紧密的关系，企业和消费者关系是否紧密，主要从互动次数、互动频率、连接节点数来判断。

第三，在服务半径方面，弱关系商业生态中卖方的服务半径广，受地域限制不大。

第四，在选择性方面，弱关系商业生态中买方的选择性强，可选范围广，主动权掌握在自己手中。

---

① Granovetter，M. The Strength of Weak Ties[J]. American Journal of Sociology，1973，78.

② Moore, J.F.. Predators and prey: the new ecology of competition [J]. Harvard Business Review, 1993，74 (3)：75-83.

弱关系商业生态的发展基础

弱关系商业生态的形成并非一蹴而就，是随着社会进步、经济发展逐步衍生形成的，而其发展所需的技术基础、信任基础、认知基础条件也已经成熟。

技术基础

商业的历史演变离不开技术的变革，每一次技术变革都会推动商业生态演进。同样，技术是弱关系商业生态发展的必要条件，没有技术的进步，弱关系商业生态难以形成。移动互联网技术可以让买卖双方无须见面即可完成商品交易；云计算和大数据为第三方平台提供了强有力的技术支撑，可以更好地服务于买卖双方；VR技术则能为消费者提供身临其境的观感，有效地解决了无法接触实际货物的痛点；第三方支付手段由中间平台代为收取货款，卖方发货，经客户确认收货后，中间方把货款划入卖方，此种方式降低了买方在支付时的顾虑和风险，增强了买卖双方的信任感。

信任基础

无信任无关系，无关系无交易，无交易无商业。弱关系商业生态的连接关系虽然弱，但是关系双方或者多方之间存在信任基础，信任基础来自以下两方面。

一是买卖双方基于契约关系达成的信任共识。弱关系商业生态中契约精神的重要性不言而喻，没有契约精神难以建立信任，买卖双方共同遵守隐性的交易规则，彼此之间相互信任。买方相信卖方会提供优质的产品和服务，能够满足其购买需求；卖方则需要遵守自己的承诺，按时、保质、保量提供服务或发出商品。

二是群体之间的分享信任。移动互联网时代，人与人之间的信息分享成为常态，而获得信息的渠道更多来自弱关系人群，比如微信朋友圈和微信群的信息，绝大多数来源于不熟悉或者陌生人的分享，以及微博、知乎、抖音上陌生人之间的信息分享，信息接收者在打开链接的那一刻即产生信任，无意识或者潜意识的信任引发了后续的交易。

认知基础

从消费者的角度出发，弱关系商业生态中买方角色要重于卖方角色，因为买方的选择性更大。实际商业场景中，消费者的需求变化越来越多，个性化要求增多，已经从卖方生产什么消费者就要买什么，到了消费者需要什么卖方就要提供什么的阶段。消费者的认知基础决定了弱关系商业生态的发展空间，认知基础包含两层，一是消费者对网上购物的认知，二是消费者对非熟悉人群信息传递的认知[1]。

从PC端互联网时代到移动互联网时代，大家对新事物的接受速度明显更快，新事物的普及度更广，从最初始的线上电商到社交电商再到直播电商，线上电商初始只普及到拥有电脑的工薪阶层人群，现在直播电商可以渗透到五线甚至是六线城市的中老年人群。互联网电商阶段，大家尚有顾虑，如商品质量是否有保障、付费后

---

① 王兴标，谷斌. 基于信任的移动社交电子商务购买意愿影响因素 [J]. 中国流通经济，2020，34(04)：21-31.

能否收到货物，等等；移动互联网时代大家普遍接受了新的交易方式，对线上消费形成了较为普遍的认知基础。

同时，消费者之间的信息传递，尤其是非熟人关系的信息传递被广泛认同，形成了较强的认知基础。消费习惯发生了巨大的改变，乐于网购或具有较多网购经验的消费者更倾向于信任移动社交电子商务，更愿意尝试移动社交电子商务模式，对弱关系信息传递的认知度更高。

弱关系商业生态模式

在商业发展的历程中，最开始出现的是强关系商业生态，所以，我们先分析典型的强关系商业生态，再对比分析弱关系商业生态模式。

从人际关系角度分析，中国是一个"讲交情、攀关系"的社会，这种由血缘、地缘和业缘等组成的"关系"纽带在社会中普遍存在，我们将此种关系产生的商业生态定义为强关系商业生态。比较典型的是地产、建工、医疗等强资源关系行业，其商圈关系相对而言也是熟人关系。一个商圈所拥有的消费群体相对固定，在确定经营场所后，难以通过引入足够多的新客户实现增长目标。所以，商家经营状况好坏与其周围消费人群的喜好有着密切的关系。此类典型强关系商业生态包括电影业、教培业、餐饮业、零售业等，这也是此次疫情中受影响最大的几个行业。

与强关系商业生态相比，弱关系商业生态中的连接较弱。血缘关系、地缘关系、业缘关系只是所有连接的其中一个环节，更多的是弱连接，比如非熟人间的连接。弱关系商业生态打破了商圈束缚、地缘限制，扩大了服务半径，弱关系商业生态模式的典型是社群，我们所熟悉的直播电商其实就是社群模式的缩影[①]。每一个主播都是一个连接点，他的"粉丝"是一个连接点，拥有的连接点越多，其弱关系越多。线上教育、线上办公、线上零售等行业中或多或少都存在着社群模式，这些都是弱关系商业生态的代表性行业。当然，不同行业的弱关系商业生态模式有其行业特殊性，并非完全一样，我们提炼出一般模式如图3-1所示。

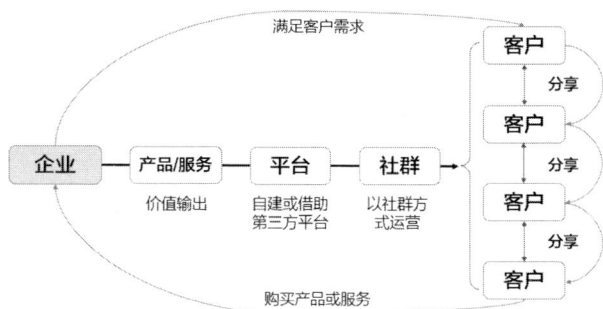

图3-1　弱关系商业生态一般模式

弱关系商业生态的双方主体是企业和客户，企业为客户提供产品或者服务，向客户输出产品或服务价值，满足客户的需求，通过自建平台或者借助第三方平台以社群运营的方式触达消费者。首先，弱关系商业生态不再依托于血缘、地缘、业缘关系，更多的是陌生人分享信息形成的商业生态，同时也打破了地域上的限制，不

---

① 张甜. 社会网络中的强弱关系在社群运营中的作用 [J]. 戏剧之家，2019(27)：223-224.

局限于某一商圈、某一区域、某一范围内的固定客户群体。

如今火爆的芬香社交电商就是一个活生生的例子，导师在社群授课，弱连接成为其实现指数级增长的主要助推力量。同样，线上教育也发挥自身优势，它们不像线下校区仅服务于周边的学生，线上教育的用户可以遍布全国各地。线上授课模式下，每门课程都会建立一个微信群，由老师为学生在课后解答疑惑，组织学习。每一个学生或者家长还可以成为课程的传播者，分享给更多的弱关系人群。

弱关系商业生态下，企业和客户之间的关系虽然较弱，但是连接范围广，依靠的是流量红利。直播电商所面对的用户群体广泛，一个用户只要有手机，在平台注册账号，搜索想要观看的主播，点击关注后就成为其"粉丝"。李善友说，"铁粉"其实就是弱关系，你拥有的弱关系越多，社群增长倍数越多，这也是弱关系商业生态存在的原因。此种模式下其实不在于企业和客户互动多么深入，黏性有多么强，有时候只是蜻蜓点水式地拨弄消费者的心理就能产生交易。因为我们现在所面对的客户非常清楚自己想要什么，产品或者服务的哪个点是他真正需要的，只有触碰到他想要的点，他才愿意埋单，这就是弱关系商业生态存在的原理。

弱关系和强关系商业生态对比

弱关系商业生态和强关系商业生态是两种完全不同的生态模式，它们有相同和不同之处。相同点是其商业主体和商业关系的本质是一样的，商业主体的双方都是企业和消费者，而商业关系都是买方和卖方，或者是供方和需方之间的关系，其本质都是人与人之间的关系。不同之处则包括商业规则、技术水平、交易方式、地缘等因素，接下来我们就从上述几个方面来具体分析。

商业规则

弱关系商业生态的商业规则透明度高，而强关系商业生态的商业规则不够透明。强关系商业规则中存在潜规则，圈外人难以进入，比如某些企业通过领导、亲友、老乡、同事等途径，与项目主管领导、企业负责人喝酒应酬拉关系，以实现申请项目、操作中标、享受优惠等目标。

弱关系商业生态中的商业规则透明化，人们之间存在较低的信息壁垒，不仅仅靠关系获得商机，进入门槛变得越来越低。参与社交电商时你只需要用一个手机号，添加微信群，转发朋友圈，就能成为一个小小的商家；直播电商中，你只需要开一个直播号，就能"带货"。

其实商业规则还包含另一层意思，也就是买卖双方的选择性问题。强关系商业生态中卖方的选择权要大于买方的选择权，通常而言是卖方决定卖什么，买方就要买什么，买方的选择权利较小，一般是被动选择。但是弱关系的商业生态，属于买方市场，买方的选择权利要大于卖方，买方的选择范围更广一些，有了主动权。

技术水平

如上所述，技术是弱关系商业生态发展的必要条件，关系是弱关系商业生态的核心，关系靠连接，连接靠技术[①]。强关系商业生态是人与人、企业与客户之间的自然连接，无须过多的技术支撑；弱关系商业生态中的连接依靠互联网实现，互联网把网络中分散的个体连接到一起，移动互联网则让个体之间的连接变得更加及时、通畅、便捷。同时，技术的发展为个体之间的连接、企业与客户之间的连接提供了虚拟的连接场景，诸多的社交平台就是典型的连接场景。社交平台的发展日趋成熟和多元化，除了传统的微信、微博平台，也诞生了许多自建垂直类的App，成为社群互动、沟通、营销推广的平台，也为弱关系商业生态的蓬勃发展提供了更为强有力的保障。

交易方式

交易方式的不同也是区别二者的一个关键因素。强关系商业生态中，交易方式多为面对面的交易，即离线交易，一手交钱一手交货，完成货币和商品的交换，交易支付通常是现金支付或者线上支付，线上支付也是即时到账。弱关系商业生态的交易通常是在线交易、远程交易，买卖双方无须面对面完成货币和商品的互换，交易支付则以线上支付的形式完成。

地缘因素

地缘因素构成了熟人关系的圈子，强关系商业生态的地缘因素更强。比如说，传统模式下，你选择去哪家电影院，很大程度上取决于你家住哪里，你的朋友在哪里，电影院开业的那一天就决定了它的客户群体一定是它所在商圈的人群。每个商圈的消费者都是无

---

① 程明，周亚齐. 从流量变现到关系变现：社群经济及其商业模式研究 [J]. 当代传播，2018(02)：68-73.

法自主选择商家的，消费者无法决定在此处开一个海底捞，彼处开一家西贝莜面村；只能是这儿开了一家肯德基，喜欢就来吃，不喜欢只好去隔壁的麦当劳。

弱关系商业生态受地缘因素的影响很小。我们可以在线上选择商家，线上完成交易。今天吃小龙虾不一定去东直门的簋街，网上下单可以直接买到地道的小龙虾。同样，如果你想吃青岛海鲜、新疆大枣、海南椰子，也无须去超市，完全可以直接向原产地商家购买，网上下单次日送达，再也没有中间商赚差价。看电影一定要去电影院吗？现在电影院或许还有存在的必要，未来却不一定。疫情期间影院停业，抖音强行上线《囧妈》吸足眼球，风光无两，收割了一波用户，已经证明了线上首映或许是另一条通道。

反脆弱性

对比两种不同生态企业在疫情之下的生存状态，我们发现弱关系商业生态企业具有较强的反脆弱性，而强关系生态企业抗击打能力较弱。

面对疫情，强关系生态企业似乎毫无还手之力，犹如砧板上的鱼肉任人宰割。全国12400家电影院，共计7万个放映厅，每个月单厅成本约4万元，四个月的关门停业，造成成本损失约120亿元，估算全年票房损失将超过300亿元，合计损失超400亿元[①]。5月11日全时便利店关闭北京和天津所有门店，疫情成为压垮全时便利店的最后一根稻草。5月12日九毛九餐饮表示停止北京、天津、武汉的九

① 财经野武士.观影巨变！损失300亿，1.2万家电影院关停[EB/OL]. 2020-05-12 [2020-06-15]. https://baijiahao.baidu.com/s?id=1666411671861793950&wfr=spider&for=pc.

毛九餐饮运营,这家2019年的港股明星企业同样被迫关店。

疫情之下弱关系商业生态模式浮出地平线,具有弱关系基因的企业如鱼得水、如鸟归林,具有极强的反脆弱性。线上办公、线上教育、线上医疗等弱关系商业生态在疫情期间有了长足发展。疫情之前远程办公软件渗透率很低,疫情暴发后,众多企业为了减少损失,不得不采用线上办公,钉钉、企业微信、ZOOM等线上办公软件企业成为赢家。疫情使互联网医疗焕发了二次生机,平安医生、春雨医生、丁香医生、微医等各大互联网医疗平台充分发挥"无接触""响应快""突破空间壁垒"的优势,为广大患者带去了福音,同时互联网医疗的发展也迎来了新机遇。

弱关系商业生态存在的问题

企业和用户之间互动频次低

弱关系商业生态中,企业和用户之间的互动频率低。随着经济发展,消费者注意力下降,购买旅程缩短,如何瞬时捕捉消费者的注意力变得越来越关键。如果企业和用户之间互动频次低,那么从概率上讲就已经面临失去该用户的风险,或者该用户就只能是一个毫无意义的"僵尸粉",仅作为财务报表上的一个数字存在而已。

流量红利消失,获客成本增加

中国是人口大国,流量红利、人口红利及资本助力带来了互联网的快速成长,大消费行业的不少商业模式都建立在人口红利基础之上，企业营销重心也偏向低成本获取新用户。然而，人口增长是有上限的，当用户数量增长到一定阶段，难逃流量红利消失的窘境，届时获取新用户的成本陡然增加。同理，弱关系商业生态的服务半径大，但并非无边界，其边界有限性决定了客户数量的上限，客户数量不能持续增长，当客户增长到一定数量的时候，增长速度就会变得缓慢，边际成本大幅增加。企业被迫从流量增值转为存量增值，运营模式随之改变。

未能深度挖掘用户需求

弱关系商业生态中，企业普遍注重用户数量增长，以流量增值思维经营企业的根源是企业未能充分挖掘用户需求。互联网的发展为用户掌握信息提供了便捷的方式，导致需求层次不断升高，个性化越来越强，如何满足这些需求就成了关键。

弱关系商业生态相比强关系商业生态，用户或消费者有了更大的自主选择权，但其多元化需求仍然不能被满足。因此企业应该理解用户行为，预测用户需求，并及时响应，提高用户转化率。

弱关系商业生态发展趋势

弱关系商业生态和强关系商业生态融合

弱关系商业生态和强关系商业生态的融合是未来发展的趋势。

弱关系商业生态和强关系商业生态二者皆有优劣势，不能相互取代，二者也非单纯的竞争关系。实际上，这两种商业生态可以优势互补、相辅相成。比如京东电商，从传统电商到移动互联网电商，通过独特的经营模式与用户形成弱连接关系。京东公司公告显示其2019年第四季度活跃用户量达到了3.62亿，这就是一个相当成熟的弱关系商业生态。2018年1月4日，京东打造的首家线下生鲜超市——7FRESH亦庄大族广场店正式开业迎客；2019年11月7日，京东宣布其电器超级体验店落户重庆，号称全球最大的电器体验店，逐步打造强关系商业生态网，有机地实现了弱关系和强关系二者融合。

教育巨头新东方本来以线下教育为战场，随着线上教育崛起，新东方开始不断探索线上教育模式，将线上和线下相结合。2020年第三财季报发布后，俞敏洪说："新东方通过自主开发的OMO系统，平稳地将线下课程转移到了线上的小班直播，虽然线上业务比重较小，但是也在一定程度上降低了疫情对新东方的影响。"其线上课程在疫情期间发展得如火如荼，或许会成为其线下教育的一个有效补充。

弱关系商业生态发展多元化、网络化

强关系商业生态基本上是线性的发展模式，无论是企业之间的关系、用户之间的关系，还是企业与用户之间的关系，基本上都是"单线"关系。企业是供需线性关系的基础，企业与用户之间是买卖线性关系，用户和用户之间基本上没关系，彼此之间很难衍生出其他关系。弱关系商业生态的发展基础是移动互联网，属于网状存在形态，企业和用户、企业和企业、用户和用户之间不再是单一的线性关系，在不同关系中扮演的角色也不一样，即你是我的客户，我可能是你的会员。企业之间也不再是单纯的竞争关系，更多的可能是合作。随着企业数量增加、用户数量增长，弱关系商业生态发

展更加多元化和网络化。

社群资源共享成为一种趋势

弱关系商业生态中存在着丰富的资源，互联网则为资源共享、资源互换提供了便捷通道。典型的模式是社群模式，社群中每个用户扮演着多重角色，有不同的产品或服务需求。企业即社群运营者可通过开放自身资源，整合外部资源，进行资源共享，通过与不同的利益相关者建立利益和交易关系，形成一个相互促进、共同发展的商业生态系统。简单来说，就是多方合作，共享社群资源，深入挖掘用户价值。

直播电商就是一个非常典型的例子，每一个主播都有其"粉丝"群体，合作方包括众多商家，每一次直播都能给"粉丝"带来全新产品，今天直播可能与A进行交易，明天直播可能B对商品产生兴趣，主播没有自己的产品，但是有"粉丝"资源，这就是资源互换的筹码。比如，罗辑思维和陆金所合作，樊登读书会和江小白合作，均是社群资源共享的典型案例。

时下最为劲爆且最符合社群资源共享的当属拼多多和国美的联手。根据拼多多发布的公告，2019年年底拼多多平台活跃买家数达5.85亿[1]，是中国用户规模第二的电商平台，堪称一个规模庞大的"社群"。国美在全国拥有2600多家门店，经营超16万个社群，触达近5000万用户[2]，足见两者社群交互能力之强。线上电商巨头和

---

[1] Pinduoduo Inc. Annual and transition report of foreign private issuers-20191231[R/OL].2020-04-24 [2020-06-20]. https://www.NASDAQ.com.

[2] 经济日报 . 国美紧抓新型消费商机 [N].2020-04-30[2020-06-20]. https://baijiahao.baidu.com/s?id=1665405106578319163 & wfr=spider & for=pc.

线下零售霸主"联姻",共享万亿级用户资源,二者结合到底能够碰出如何激烈的火花,是否能够抗衡阿里巴巴与苏宁结盟,撼动天猫和苏宁地位,公众在拭目以待。

综上,弱关系商业生态深耕线上办公、线上医疗等行业,在疫情的催化之下浮出地平线,强劲的反脆弱性证明其无限的发展潜力,必将在商业发展的历程中留下浓墨重彩的一笔。弱关系商业生态已经成为商业生态中不可或缺的存在,如何将其与强关系商业生态有机结合需要因势利导,但二者融合的趋势不可阻挡。弱关系商业生态对应于人与人之间的弱关系,人与人之间的关系势必随着技术的发展连接广度更大,随着5G时代的到来这必将打破各行各业的生态格局。

天九老板云——弱关系商业生态的缔造者

天九老板云是一个线上平台,是100多万企业家用户交流、接触、联系的纽带,是一个商业社交关系网。作为一个线上社交商务平台,其运营方式决定了其用户之间的关系是弱关系,而非强关系。根据前文所述,因为弱关系没有强关系的局限性,所以其产生的商业价值要远远高于强关系。

以大数据重塑弱关系价值链,绘制商务社交价值网

弱关系需要强连接,连接的有效方式之一是大数据技术,天九老板云平台充分利用大数据技术拓宽了用户交往的边界,充分挖掘用户的商业社交价值，每一个用户都是一个数据来源点，用户的每一次关键操作行为都会产生数据。随着用户规模的增长，数据将会呈现指数级递增，进而拓展弱关系商业生态的价值链条。

如果没有连接，用户之间将相互孤立，人与人之间就没有互动，也不会产生社交价值。通常，每个用户作为平台的使用者首先和平台产生关系，即单个用户和平台关系的B2C性质。但这仅仅是用户和平台之间的互动，属于单线双向互动，产生的仅仅是消费者和卖家的商业关系，构成的只是供应、购买、服务的一个商业价值链，其产生的价值相对有限。天九老板云突破了传统商业社交价值链，除了平台自身作为一个服务供应商，还链接了法务财税服务商、CRM供应平台、数字智慧云端等第三方服务平台，充分延展并重塑了商业社交价值链。

一个平台上的关系除了平台和用户的关系，还包括用户和用户的关系。每一个用户都是一个节点，一个人和另一个人的社交关系是单线的，用户和用户之间则是多线双向互动关系，构成商业社交关系网。平台作为一个媒介则成为链接每个用户的中心节点，通过该中心节点传导至每个单个用户节点。天九老板云是一个开放的企业家社交平台，让平台的每个用户都可以和其他用户产生联系，每个用户都有权限发布商机，并且其他客户都可以浏览，如果感兴趣可以直接和发布商机的用户在线交流沟通。而且用户可以通过搜索的方式精准筛选商机和其他用户，天九老板云通过不限制、无边界的社交形式绘制成一个庞大的商业社交价值网。

以"社群方式"增强企业家之间的弱关系

广义上的社群(Community)是指在某些边界线、地区或领域内发生作用的一切社会关系。狭义的社群是指拥有相同价值观的人凝聚在一起，产生的一种社交关系。延伸到商业领域则是指企业通过其技术、产品、文化、活动等不同的方式、手段建立起的"粉丝"群体，比如团购社群、跑步社群、小米社群、华为社群等。社群作为平台最忠实的用户，可以更高效地参与平台的价值创造过程。社群方式可以提高用户和平台的黏性，社群方式也强化了用户和用户之间的弱关系。

天九老板云是会员制，将会员分为注册会员、认证会员、嘉宾会员、贵宾会员四个等级，每个等级的会员享有不同的权益。平台为不同的会员提供不同的服务、产品，也会根据不同的客户等级组织不同的社群。另外，天九平台的独特之处在于定期的线下独角兽共享商机大会，每次线下大会都会到场数百位企业家，除了观看路演、筛选项目，还可以和其他企业家交流、分享投资心得。线下共享大会是一种线下的社群形式，进一步强化了用户之间的弱关系。

通过"共享"缔造商务社交弱关系商业生态

弱关系的一般范式中，用户和用户之间的连接主要是靠分享，一是产品之间的分享，二是信息的分享，分享的过程强化了弱关系。而平台作为连接用户的中心节点，其关键作用是平台资源共享，尤其是B2B的产业互联网平台，面对的用户不是单个人，而是角色较为复杂的企业家客户群体，他们不同于一般消费者。消费者仅仅是作为一个买方，买的是产品、服务；而企业家的身份赋予其多重属性，可以是消费者，也可以是投资人。

　　天九老板云平台100多万的企业家客户群体都是拥有多重身份的人群，他可能是客户，也可能是供应商，还可能是投资者，也有可能既是消费型客户也是投资者。天九老板云一直延续天九自创建以来的精神——共享，天九老板云以客户为中心，以客户价值最大化为目标，"共享"降低了信息壁垒，使得平台和用户之间的地位更加平等。对项目方来说，天九老板云共享的是企业家客户群体资源，对企业家客户来说共享的是天九数百个项目资源以及上百万企业家客户。除此之外，所有用户共享天九老板云提供的会员服务、商务资讯服务以及其他第三方平台服务。

　　天九老板云集合了项目线上发布、线上独角兽大会、商业资源拓展等全景化功能，推动了企业在研发、生产、经营、管理、服务等方面的数字化应用，助力平台各大中小企业打破技术与运营双重壁垒，打造共享共赢的商业模式，缔造一个商务社交弱关系的商业生态系统。

第四章

"轻媒体"成就
互动型经济场景

四十载惊涛拍岸，九万里风鹏正举。经受了改革开放40年的风雨洗礼，媒体产业日新月异，行业形态变化万千。随着移动互联网的发展，纸媒、声媒、视媒、网媒等由个体形态丛生到多种媒体融合，彼此的边界逐渐模糊。

在移动互联网、大数据、云计算、物联网、区块链、人工智能等技术加持下，媒体的生态模式不断被重新塑造，以"轻"为鲜明特质的"轻媒体"新兴舆论形态逐渐形成。"轻媒体"的本质即在传播过程中具有极强的互动性，互动性增加趣味，激发大众的消费需求产生商业交易，进而产生互动型经济，"轻媒体"为互动型经济的发展塑造了多样化的场景。

技术变革引发"轻媒体"潮流

"轻媒体"是技术变革的产物。自1979年恢复广告经营以来，中国媒体发展经历了40余年，毫无疑问，技术是其蜕变的最直接因素。

20世纪80年代，有线网和卫星网传输技术为电视媒体的发展奠定了基础，创造了条件。21世纪初，数字技术的发展，将电视媒体推向巅峰，同时推动了互联网媒体形态的普及。21世纪第二个十年，移动互联网、大数据、人工智能、云计算等技术开始广泛应用于媒体的各个环节，颠覆了旧有的媒体形态、内容生产模式和媒体经营模式，打造了多媒体业态融合的新形态。

尚明洲等在《"轻媒体"时代打造企业巧实力的思考》一文中提出"轻媒体"的概念。新的媒体形态以移动互联网为基础，媒体平台渠道更加轻盈，信息内容生产轻快，话题内容愈发轻松，轻化是其最典型的特征，也是其发展演变的趋势，可以把这种新型媒体形态称为"轻媒体"。"轻"的特质注定其会成为一股潮流、一种现象、一个时代。

　　互联网技术的发展，尤其是移动互联网技术的更新迭代，为"轻媒体"的发展一路保驾护航，铺平了前进的道路。同时，移动互联网为"轻媒体"业态发展的多样性创造了条件，"轻"的特质则为其发展的多样性提供了可能，社交网络、直播电商、社交电商、社群营销等不同的业态又塑造了差异性的"轻媒体"形态，生成了互动型经济的多样化场景。以百度为巨头的搜索风云四起，以阿里为榜首的电商模式多变，以腾讯为代表的社交琳琅满目，BAT成型之际，效仿者不断推陈出新，"轻媒体"潮流涌动，蔚然成风。

"轻媒体"的多样性特征

　　"轻媒体"的首要特征为"轻"。"轻媒体"以移动互联网技术为支撑，信息传播渠道轻，内容生成轻，话题变轻。信息传播渠道轻是指"轻媒体"的传播方式简单，通过手机中的媒体平台即可随时获得信息，信息传播渠道畅通，信息传递迅速，即时性强。"轻媒体"信息传递可以做到秒触达、零延时，假如你是抖音平台的一名主播，拥有上千万"粉丝"，你发布每一条视频都可以让"粉丝"同时接收。"轻媒体"环境下，内容的生成简单、快捷，"轻"增加了媒体内容多方参与的可能性，内容生成的主体除了媒体平台外，普通大众都可参与其中，人人都可以是内容产出者。比如在微博平台，你既可以作为观众，浏览你感兴趣的信息；也可以作为发布者，发布内容供别人浏览。相较于传统媒体而言，"轻媒体"的话题更轻松，轻松的话题可以受到广泛关注和传播。综艺、旅游、电影、摄影、音乐等话题，长期霸占热搜话题榜首。

互动性是"轻媒体"的本质特征。与传统媒体不一样，"轻媒体"的信息不再是单项传递，而是融合了大众传播(单向)和人际传播(双向)的信息传播特征，具有人际传播的互动性，用户可以直接迅速地反馈信息，发表意见。互动性增强了内容产出方、信息接收方、平台方三方之间的黏性，互动产生社交，各种社交平台伴随"轻媒体"的发展而兴起，比如微信、微博、知乎、陌陌、抖音等社交平台层出不穷，形式多样，由最初的文字分享到当下时兴的视频传播，许多社会话题都是从社交平台上不断发酵，最终被推上热搜榜。

"轻媒体"的传播主体是人。移动互联网技术为人与人之间的无线连接创造了无限可能性。传统媒体时代，人与人之间的连接不够紧密、频率较低、广泛性差，一封书信的往来需要几天甚至上月时间，一个人连接的范围仅仅局限于周边人群。传统媒体信息传播主要依靠传播介质，面对的客户群体有限。而今，"轻媒体"时代，"人"是主角，人与人之间的连接越来越紧密，信息发出方传递的信息，接收方可以做到秒回复。同时，一个人所触达的群体更加广泛，作为一个微博博主或者抖音主播，能触达的听众可能上千万，普通个人也能拥有成千上万的好友。"轻媒体"中"人"不单单是信息接收方，人不再是被动接受，一个人的身份是双重的，既是听众又是内容发布者，可以作为媒体内容的生产者，直接发表文章或者发布视频等；还可以作为听众，及时反馈信息。正是人与人之间的无线连接让个人成为互动型经济场景的主角。

"轻媒体"的内容具有海量性。内容是传统媒体发展的基石，好的内容才能增加用户。"轻媒体"发展的基石仍然是内容，以渠道起家的"轻媒体"更加需要内容的支持。内容的丰富性成为争夺用户的筹码，头部效应叠加，海量内容媒体平台吸引了数亿级用户群体，"轻媒体"仍然用内容去抢占用户时间，提高留存率，用内容价值认同获得黏性。

时代变迁，技术迭代，"轻媒体"海量的内容是传统媒体不能相比的。传统媒体，比如一张报纸或者每期杂志的传播内容有限，电视媒体的内容也受限于播出时间和平台的水平。现如今，一个网络平台发布的内容数量就大大超过了传统媒体内容的总和，而且形式更加多样。拿微博举例来说，根据《2018年微博用户发展报告》显示，微博日均文字发布量达到1.3亿，日均视频/直播发布量150万以上，回答问题数5万以上，图片发布量1.2亿以上，长文发布量48万以上；再看垂直领域，微博垂直领域包括搞笑、情感、美食、电视剧、音乐、游戏、摄影等60多个，月阅读量超百亿的达32个，足见其内容优势。依托海量内容，微博收揽万亿用户，2019年年末微博月活跃用户数达5.5亿，日活跃用户2.41亿。

"轻媒体"打破了传统媒体形态的边界

"轻媒体"融合了纸媒、电视媒体、网络媒体、自媒体等不同形态的媒体，多种媒体之间相互融合，你中有我，我中有你，彼此互补，构成了新的媒体业态。传统的纸媒、电视媒体、广播媒体逐渐丧失阵地优势，面临丢失客户、广告量下滑、人才流失等困境，不得不与时俱进，迎头追赶。纸媒做起了网站、短视频，视频媒体进军视频网络媒体，传统媒体在微信、微博、抖音、快手等平台开通官方账号，进而成为"轻媒体"平台的内容输出者。

《人民日报》就是媒体形态边界消融的典型例子。《人民日报》现在除了传统报纸外，还有网媒人民网，同时涉足短视频，2019年9月发布了一款全新的短视频产品——"人民日报+"。网络视听媒体典型代表——"芒果TV"，依托于湖南卫视优质IP，从内容驱动到内容和技术双驱动，成功搅局网络视听媒体，赶超行业先行者，成为第一家实现盈利的视频网络媒体。

疫情期间，央视新闻、《人民日报》、湖北卫视等各地传统媒体通过抖音、快手、百度、腾讯、爱奇艺等媒体平台实时发布疫区一线新闻信息。传统媒体和互联网媒体、网络视频媒体的融合度越来越高，意味着传媒业原有边界的进一步消融。

"轻媒体"为互动型经济的发展提供了传播条件

传播渠道多元化

"轻媒体"时代信息的传播不仅仅依赖于新闻资讯专业媒体产品，媒体产品使用时间变得愈加碎片化。当前信息传播渠道逐步向微信、微博、知乎等专业社交平台及抖音、快手等短视频泛社交平台转移。移动互联网已经全面渗透到社交、视频、电商、理财、出行等生活刚需场景,而专业新闻资讯产品逐渐边缘化,这与用户获取信息的及时性、便捷性、广泛性有着紧密的联系。根据QuestMobile《2019年中国移动互联网秋季大报告》,2019年9月,中国移动互联网典型行业月总使用时长占比统计数据,移动社交、移动视频、手机游戏位列前三,占比分别为32.2%、22.1%、7.9%;新闻资讯排第四位,占比仅为7.7%,且同比下降0.7%;移动购物、移动音乐、数字阅读、移动支付、移动出行、生活服务等瓜分剩余份额。用户使用场景的时长决定信息传播渠道的宽窄,传播渠道多元化为互动型经济场景多元化创造了条件。

传播速度即时化

时效性是信息传播的生命力所在,同时也是决定商业战场取得胜负的关键因素。万物互联的时代,媒体无处不在,信息传播及时性更强,便捷度更高,实现了精准触达,使得互动型经济场景下的经济活动更加有效。移动互联网时代各个场景都在争夺用户的眼球和时间,同一场景下,同一消息触达用户的快慢决定了用户注意力的归属。信息触达零延时,让用户体验感更强,信息传播速度的即时化让用户得到及时满足,互动型经济场景下"互动"得更加尽兴,更有韵味,更有快感,平台和用户黏性更强。

传播路径网状化

信息源决定了传播方式和路径,纸媒、视媒、电媒等传统媒体的信息源多数情况下享有独家话语权,垄断信息源,信息传播路径为一对多的扇状。"轻媒体"时代,信息传播空间无限、时间无限、作者无限、受众无限，四大无限给予信息传播路径无限想象空间。信息来源广泛，不再局限于主流媒体，更多信息来源于生活。每个人都是一个信息源，都可以将自己的信息通过文字、图片、音频、视频等形式传播出去，而接收者同时又是下一个发布者。信息传递的路径不是一对多，而是多对多的网状模式。同时，信息传播渠道多元化，让信息传递更加便捷，不同载体之间信息的发送路径完全没有技术屏障，用户可以随时将微博、今日头条、百度等平台上的信息发送到微信朋友圈、抖音、快手、微信等平台，这些信息暗藏诸多购物信息，各个平台成为信息传播的载体，信息在不同载体、不同用户之间来回传播。每一次信息的发送即产生一条线，如此庞大的信息载体的信息交叉传递更为复杂。传播路径网状化打破了互动型经济不同场景之间的边界，互动型经济场景生态圈的形成顺理成章。

"轻媒体"成就互动型经济八大场景

移动互联网时代，日新月异的"轻媒体"正如浪潮般不断冲击着传统媒体生态。媒体环境的改变，使媒体传播由单纯的信息传递转变为用户连接。

产品服务、销售渠道、行业形态都被重塑，用户消费行为不断被培养，并呈现出多任务行为、跨平台消费、爱体验分享等特点。情感认同、圈层效应、精准互动越来越成为用户的刚需，"技术赋能+用户价值创造"成为互动型经济场景下各平台主体的立足之本，而"轻媒体"重构场景、传播价值的同时，成为互动型经济的内生性增长驱动力。

根据互动型经济的定义，我们提炼出"轻媒体"成就互动型经济的八大场景，包括移动社交场景、移动电商场景、泛娱乐场景、移动支付场景、移动搜索场景、移动出行场景、生活服务场景及移动办公场景。

移动社交场景

2011年微信横空出世，陌陌粉墨登场，开启了移动社交元年。

手机已经成为人们身体的一部分，移动社交慢慢偷走了人们的时间。2019年9月，QuestMobile统计结果显示，移动社交占我们使用手机时长的32.3%，即1/3的时间都在社交。移动社交行业用户规模已达到11亿，行业渗透率达97%，用户规模增长速度明显下降。现有社交平台分为即时通讯社交、媒体社交、职场社交、内容社交、婚恋社交等细分类别。

即时通讯社交软件以微信、QQ为代表，二者用户规模、行业渗透率均位于行业前二，占有绝对优势地位。

媒体社交以微博为例，其主打"弱社交关系"下的内容消费和热点关注，具有较强的媒体属性，内容生态系统庞大。此外，微博面对外部威胁，主动出击，精准布局视频市场，多领域打造直播新模式，增加互动体验以强化社交优势。

职场社交以领英、脉脉为代表，专属于工作者交流职场信息和工作经验的平台，有更强的圈层属性。

内容社交平台存在的根本是内容，优质的内容具有吸引相同兴趣的用户交流的功能，如知乎的"邀请回答"、豆瓣的"小组讨论"等。用户间的互动机制，能够更加有效地巩固关系链，增强用户黏性。

快餐式时代，似乎情感也开始变得快餐化，婚恋社交平台应运而生，以探探、伊对、珍爱网为代表的婚恋社交软件虽然口碑不佳，但是热度居高不下。如何提高配对、相亲成功率，减少无效信息和虚假信息、避免诈骗等事件的发生是其收获用户的关键。

移动电商场景

移动电商诞生至今有三个发展阶段：一是纯移动互联网电商；二是社交电商；三是直播电商。其交易方式不断推陈出新，层层递进。

京东从2011年开始布局移动电商。2012年4G技术正式上市，为移动电商发展提供了技术支持，当年移动端网民数量达到4.2亿，首次超越PC端互联网用户。2014年阿里All in移动电商从云端入手建设移动电商的生态，移动电商领域激战开始。2015年"京腾计划"拉开了"社交+电商"序幕，自此社交电商进入大众视野，同年拼多多低调现身。2016年为了提高用户在平台的停留时间，直播电商伴随直播风口诞生。2018年中国网络零售规模突破9万亿元，占社会消费品零售总额的23.6%[①]。2019年直播"带货"火爆全国，群雄

---

① 商务部. 2018 年中国网络零售市场发展报告 [R/OL]. 2019-03-05 [2020-07-12]. http://www.100ec.cn/detail--6498421.html.

混战，战火浓烈，仅淘宝直播电商在线交易额就高达2500亿元①。

移动电商根据经营领域不同，分为综合电商、跨境电商、垂直类电商等，已经形成了阿里巴巴、京东、拼多多三足鼎立格局。

2020财年，阿里巴巴商品交易总额突破1万亿美元，其霸主地位不可撼动。阿里巴巴数字经济体全球年度活跃消费者达9.6亿，其中，7.8亿消费者来自中国，1.8亿消费者来自海外。京东2020年第一季度的公司财报显示，京东共计实现营收1462亿元，同比增长20.7%，同时第一季度京东的净利润达到了10.73亿元，营收、净利双增长，实现逆袭。拼多多奔袭在移动电商成长的道路上，发展态势迅猛，2020年第一季度平台用户数同比增长超过40%，迈进了6亿时代。2020年5月24日，拼多多市值为822.77亿美元，高于同日京东的730.12亿美元，后浪成功超越前浪②。

泛娱乐场景

泛娱乐场景包括短视频、手机游戏、在线视频、在线音乐共四个领域。抖音、快手为短视频领域的领跑者，在产品技术和发挥社交连接属性方面均占有优势。根据QuestMobile统计，截至2019年9月，短视频行业渗透率超70%，已完成流量积累，正在加速商业化变现步伐。

根据前瞻研究院统计数据，手机游戏行业2019年全球市场规模为682亿美元，其中智能手机游戏为547亿美元，平板电脑游戏为

---

① 艾瑞咨询. 2020-2021年中国直播电商行业运行大数据分析及趋势研究报告 [R/OL]. 2020-02-13 [2020-07-12]. https://www.sohu.com/a/372815724_533924.

② 网易科技报道. 拼多多市值破800亿美金，再超京东 [EB/OL]. 2020-05-23 [2020-07-12]. https://3g.163.com/tech/article_cambrian/FDA9F7R4co97V7R.html.

134亿美元。从游戏开发层面腾讯、网易位列第一、第二位，腾讯凭借王者荣耀以及和平精英称霸手机游戏行业。优质用户体验的游戏才能获得用户的喜爱，而能否持久锁定用户，考验的则是游戏开发的能力。

以爱奇艺、优酷、腾讯及后起新秀芒果TV、酷狗、QQ音乐、酷我音乐等在线音乐等为代表的音视频平台近年来发展迅猛。移动在线视频和在线音乐的历史并不长，视频、音乐版权归属是每个平台稳定的基石，不过，较为单一化的运营模式难以匹敌短视频行业发展，短视频诞生即分流众多在线视频和在线音乐的用户。泛娱乐场景平台在内容资源方面的实力将很大程度上决定平台发展潜力，个性化、多样化发展或许成为各平台的未来方向。

移动支付场景

在移动互联网的普及和移动支付政策的推动下，移动支付蓬勃发展。2013年支付宝布局移动端，余额宝席卷大江南北。2014年微信支付借春节红包大战支付宝，迅速抢夺市场份额。2016年二维码支付获央行解禁，移动支付快速发展。2017—2018年，在规范化支付政策指引下，移动支付继续快速发展。2018年6月移动支付笔数首次超过网上支付，成为电子支付最主要的手段。2019年第三方移动支付业务达7200亿笔，金额达到249.88万亿元，同比分别增长35.69%和20.10%，第三方移动支付用户增加7000万人，达9.5亿。移动支付达到空前盛况，成为人们支付的必备方式。

移动支付领域两大巨头，支付宝和财付通(微信支付)相互抗衡。支付宝凭借高频支付功能，不断扩充吃、穿、住、用、行等移动支付场景，活跃度持续提升，截至2020年8月17日，支付宝App年度活跃用户达到10亿以上[①]。财付通则依靠微信平台，深度挖掘微信用户需求，绑定各腾讯系业务。截至2019年12月31日，微信及WeChat的合并活跃用户高达11.65亿[②]。两大机构在移动端产品中加强支付场景运营，以提高用户的使用频次。

移动搜索场景

国内搜索引擎百度占据第一位，Google退出中国后，再未产生与之匹敌的搜索引擎。

根据Stat Counter Global Stats数据统计，截至2019年1月，全国搜索引擎市场份额移动端占比百度位居第一，占71.82%；神马搜索(UC浏览器)次之，占20.97%；第三名为搜狗，占4.66%。

移动搜索行业随着用户的需求而变化，各种短视频、音乐等平台兴起，用户需求不再局限于文字、图片的表达，内容载体形式多样化。各种垂直类平台的发展使得移动互联网用户分散在不同的垂直平台上，形成信息割裂。而用户需求日趋多样化、高层次化，要求信息获取更为便利化、信息内容专业化。人工智能将成为移动搜索行业发展的基础，人工智能技术在移动搜索方面的应用也在进一步深化。

---

① 蚂蚁集团.蚂蚁科技集团股份有限公司首次公开发行股票并在科创板上市招股说明书 [R/OL]. 2020-08-25 [2020-08-30]. http://kcb.sse.com.cn.
② 腾讯.腾讯控股集团有限公司 2019 年报 [R/OL]. 2020-04-02 [2020-08-30]. https://mp.weixin.qq.com/s/vmhoiRzpBs7-JK_x2a7gZw.

移动出行场景

移动出行行业按出行方式可分为汽车出行和单车出行，无论是哪种方式，均经过了探索期、扩张期、成长期、优化期。

探索期出现了多种新的出行方式，网约车、分时租车、共享单车等平台不断涌现。随着平台数量增多，为抢占市场，平台之间大打价格战，进入扩张期。扩张期经历了补贴大战、资金链困境，拥有雄厚实力的平台通过不断融资跑马圈地，实力弱小者被迫退出竞赛。在成长期，平台需要解决盈利问题，未能解决该问题或者无持续资金支持的平台面临被收购或者破产清算。在此期间，网约车领域滴滴和快滴合并，共享单车领域摩拜被美团并购，小蓝车被滴滴收购，阿里站台哈罗单车，霸主ofo黯然离场，至今仍深陷退押金风波。在优化期，行业内仅剩几个资金实力雄厚或者紧靠金主大树的玩家，网约车领域滴滴一家独大，共享单车领域美团、滴滴、哈啰单车平分秋色，攻城略地的同时实行精细化运营方式，运转效率提高，维护损耗降低，盈利水平上涨。

随着共享经济的发展，网约车、汽车租赁被越来越多的消费者选择，用户规模、市场规模持续扩张。

生活服务场景

生活服务场景与移动出行场景一样，同样经历了探索、激战、合并等过程。

团购盛行之时遍地狼烟，千团大战厮杀之惨状无以言表，最终以美团和大众点评合并收尾。外卖兴起之时，外卖宣传单一时间充斥全国各地的大街小巷，点餐补贴，金额大到不敢想象。经过两年激烈竞争，美团凭借千团大战经验和地推大军获得后发优势；饿了么则被阿里收购，背靠阿里流量站稳脚跟，两强抗衡局面僵持不下。

本地生活服务具有极强的马太效应，优质资源不断向头部平台集中，两强之间竞争虽然趋于激烈，但也有利于本地生活服务生态的建设。生活服务中，到家服务和到店服务成为越来越多用户的首选，外卖、快递等对用户消费习惯的培养业已形成，懒于出门成为常态，现阶段行业在到家和到店服务覆盖场景上已趋于完善，但面对消费者多样化需求，行业服务面仍将进一步扩大。在一线、二线城市，本地生活服务平台间的竞争处于胶着状态，新用户开发难度大，下沉市场仍需探索，下沉市场的竞争加剧也为当地消费者带来消费体验的升级。

移动办公场景

疫情期间，口罩火了，移动办公成为职场标配。

2020年2月3日，春节后第一个工作日，钉钉和企业微信双双崩溃。2015年1月16日，钉钉1.0版本正式上线，进入企业级市场。截至2020年3月31日，钉钉的用户数超过3亿，超过1500万家企业组织全面开启数字新基建。2020年5月18日，企业微信官方发布的数据显示，已有数百万家企业通过企业微信为顾客提供服务。从2019年12月23日企业微信发布3.0版，到2020年5月，短短5个月时间里，企业微信的用户从6000万增长了4倍至2.5亿。

两家平台从诞生到疫情前均处于不温不火的状态，一次疫情让在线化、数字化的工作方式成为常态，加快了移动办公应用于现实场景的速度。同时，移动办公也为工作学习方式带来全新的体验和可能性。

"轻媒体"成就全场景互动型经济生态系统

"轻媒体"时代，各个场景并非完全独立的，支付在商业活动中无处不在，商业交易的媒介即货币将其他场景串联起来，形成了一个全场景的互动型经济生态系统。我们以国内两大移动互联网巨头阿里巴巴和腾讯作为案例加以说明。

阿里巴巴在互联网时代成名，在移动互联网时代不断发展壮大，成就万亿商业帝国。阿里巴巴全场景生态系统如图4-1所示。在移动电商场景中，阿里巴巴拥有淘宝、天猫等支柱性电商平台，并布局专业二手交易业务，闲鱼链接淘宝形成交易闭环。在移动社交场景中，阿里通过战略投资微博、陌陌、探探等社交平台补充其生态短板。在生活服务场景中，阿里收购饿了么，并与口碑合并，以抗衡美团。飞猪旅行和盒马鲜生分别作为阿里巴巴在旅游业态和新零售业态的两大业务构成，深度绑定体系内客户群体。泛娱乐场景中阿里布局优酷、土豆、电流、来疯、秒拍等长视频、短视频平台及虾米音乐平台。在移动出行、移动办公、移动搜索等场景中，阿里以哈啰单车、钉钉和UC浏览器内置神马搜索为商业模型，尤其钉钉在疫情期间一鸣惊人，成为在线办公的"一哥"。

上述七大场景均与支付宝息息相关，淘宝、天猫、闲鱼、饿了么、飞猪、盒马、哈啰等具有高频次的支付需求，社交场景和泛娱乐场景中植入商品广告等信息，用户可以通过跳转完成交易，同样离不开支付。可以说，移动支付起着关键性作用，成为整个生态系统的关键节点。

图4-1 阿里巴巴全场景生态系统

图片来源：阿里巴巴集团官网或百度，每个场景仅选取代表性企业。

腾讯作为社交领域的巨头，以微信、QQ锁定11亿用户，通过流量优势形成全场景生态系统，如图4-2所示。

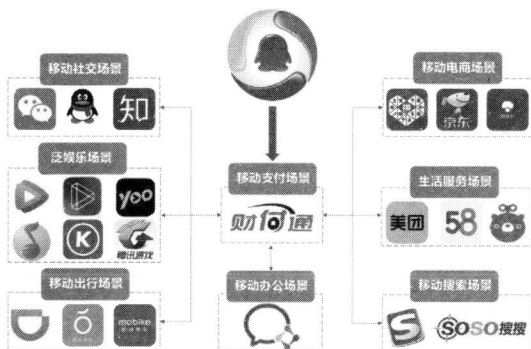

图4-2 腾讯全场景生态系统

图片来源：腾讯公司官网或百度，每个场景仅选取代表性企业。

腾讯的打法与阿里有着本质的不同，腾讯除了深耕社交、泛娱乐、移动支付、移动办公场景外，其他场景均涉足资本，通过流量为生态系统内的其他企业赋能。比如移动电商场景的拼多多、京东均在微信中以链接形式在用户间分享，再通过微信支付完成最终交易。生活服务场景中的美团、58同城、转转及出行场景中的滴滴、青桔、摩拜单车等均作为腾讯赋能生态中的一环，微信支付穿插其中。

虽然同为互联网巨头，同样形成了全场景互动型经济生态系统，但是二者的打法完全不一样，一个是通过收购内化为生态环，另一个是通过赋能外化为生态环。通过阿里巴巴和腾讯两个生态系统案例，衍生出下面的互动型经济生态系统，如图4-3所示。

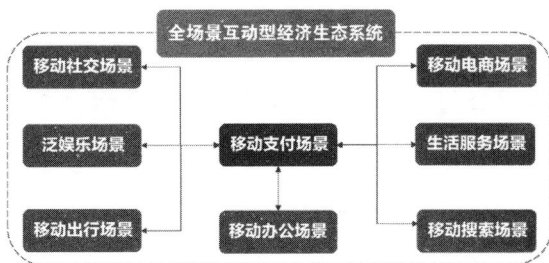

图4-3　全场景互动型经济生态系统

"轻媒体"典型模式——天九老板云线上路演

路演(Roadshow)最初是国际证券发行行业广泛采用的推广方式，指证券发行商通过投资银行家或者支付承诺商的帮助，在发行证券前针对机构投资者进行的推介活动。路演是在投资、融资双方充分交流的前提下促进股票成功发行的重要宣传手段，促进投资者与股票发行人之间的沟通和交流，以保证股票的顺利发行，有助于提高股票潜在的价值。延伸到一级市场，路演多是指初创项目为了融资面向投资人讲解项目，阐述行业前景、商业模式、盈利能力、投资价值的项目推介活动。

按照宣讲方式划分，项目路演分为线上和线下两种。线下路演中，路演人和投资者面对面交流沟通，路演人向投资者介绍公司基本情况和公司投资价值，线下路演包括私密度强的一对一，以及孵化器、投资机构或者平台组织的线下专场路演模式和创业大赛等形式。线上路演则是路演人在屏幕的一端面对多个投资人介绍项目，同时让多个投资者在适宜环境下，认真倾听讲解和说明，同时还可以有一个思考和交流的过程。两种方式各有优劣，但是线上路演突破了线下路演的弊端，成为一种"轻媒体"，展现出"轻"的特征，传播形式广泛，以视频、图片、文字等多种形式借助网络传播，尤其是在移动互联网加持下传播效率高、传播范围广、信息留存时间长。

天九老板云线上路演的项目均是独角兽或准独角兽企业，包括国内项目和国际项目，涵盖消费服务、信息科技、传媒娱乐、医药健康等多个行业。其路演方式从前端到后端，不仅包括实时在线路演，还包括企业宣传片资料，立体再现了路演公司的综合形象。路演结束后还可以保留路演视频供投资者多次反复观看，既满足当下投资者的需要，也为新进入的投资者了解项目提供了便捷通道。

线上路演亦淋漓尽致地展现了"轻媒体"的"互动性"。天九老板云线上路演时项目方和投资者互动不受限制，完全可以远程异地联动，投资者和项目方自由交流互动，充分了解项目。投资者即时在线提问，项目方实时解答，项目信息通过网络传输、储存，让所有投资人共享信息资源。线上路演不仅能提高效率、节省资源，还能将各方面的内容永久保存在互联网上，供潜在投资者随时浏览、查阅。

线上路演"轻"的特质赋予其高强度的"传播性"。天九老板云路演的项目材料经过专业团队系统化制作，无论是线上路演PPT、路演视频文案，还是互动答疑等，都经过反复精心打磨而成。每一个项目在路演前均进行预热，发布路演信息，最大限度保证项目被投资人知悉，尤其是要触达具有潜在投资意愿的投资人。预热环节可以提高项目的知名度和人气。路演时通过天九老板云触达投资人，同时会完整记录路演过程，亦会有专业的媒体人对路演活动进行专题报道，形成图片、文字传播到网上，并可对企业负责人进行专访以使投资人充分了解项目，积累品牌效应。视频、语音、文字三种不同的传播形式呈现给受众群体，给参与者亲临其境的感觉。

天九老板云线上路演的传播效率高、体验感好、时效性强，线上优势突出。线下辅之以项目考察，全程跟踪服务，让投资者多维度考察项目，项目方也可以了解投资方的真实意愿和资源优势，提高了项目投资的匹配度和成功率。

"轻媒体"成为互动型经济重要载体

"你若端着,我便无感",这是"90后""00后"的宣言,千禧一代在移动互联网环境下成长,他们更懂"互动","互动"才有诚意,"互动"才有结果。"轻媒体"亦成为互动型经济的重要载体,社交场景中的互动,电商场景商家与用户的互动,娱乐场景一起互动,无论哪个场景都以"互动"为基调,"轻媒体"为互动型经济插上双翼。

互动型经济中,"轻媒体"无处不在。"轻媒体"时代,媒体资源极大丰富,渠道和终端无处不在,人人都是生产者,内容数量几何式增长,内容形式变幻多端,优质内容成为争夺焦点,互动型经济的未来充满想象空间。

第五章

"带货"简史：从 "带货"到"带项目"

2020年，"带货"成为疫情之下为数不多的风口行业。直播"带货"，成了网民注意力经济的重要延伸，它的行业价值有待继续开发。它应当成为互联网基础设施服务，在未来与更多行业、场景产生碰撞。

这正是互动型经济的典型风貌和生动形态。

"带货"的定义

所谓"带货",指的是一些具备流量资源的明星和公众人物,通过互联网平台,制作文字、图片、视频节目对某种商品进行推荐,引发"粉丝"纷纷效仿,形成这一商品消费潮流的一种营销活动。

"带货"可以分为广义和狭义。广义上的"带货",指的是流量大咖,通过写软文、推送图片、发表体验感受,进行推荐商品的活动。比如一位财经作者在他的微信公众号里发表了一篇名为"报复性消费还会来吗"的文章,打开文章一看,却是在介绍一款购物App,这就是广义上的软文"带货"。狭义上的"带货",特指的是公众人物通过互联网直播平台,面对公众进行产品宣导的行为。

主播"带货"品类大都集中在美妆、食品等日常消费品,日常消费品消费频次较高,自然就成为"带货"业的首选。产品价格方面,主播们销售的物品往往价格低廉,其中有80%的货品集中在100元上下。价格低廉往往使得人们容易产生冲动,供应商往往还会给"带货"主播一个"全网最低价",对商家来说,是一个薄利多销的生意。

"带货"这种商业模式始于2013年，最终借助疫情的影响成为资本的新风口，不过，这个产业能否走出一条健康发展的路线，需要时间来验证。

其一，疫情过后，消费者的消费习惯是否改变。宅家生活，百无聊赖，是"带货"业迅速发展的关键。随着疫情的渐渐缓解，消费者是否会延续这样的生活方式，需要时间加以验证。

其二，目前众多的"带货"平台中，直播内容较为单一，往往是摆个台子，介绍产品。时间久了，"粉丝"就会感到乏味。

"带货"的历史

"带货"的源起

"带货"究竟是从何时开始的，精准的时间节点已经无迹可寻。

有一种说法甚至可以将微软总裁于20世纪80年代在电视里声嘶力竭地为Windows做广告算起。不过，严格意义上"带货"的开端，可能源自2014年YouTube中的一个提问。在一个热播视频下面有一条用户留言："哪里可以买到PewDiePie视频里的T恤？"如图5-1所示。

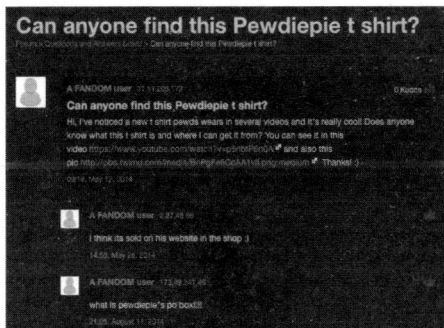

图5-1　YouTube视频下用户留言

这个提问，让这位YouTube播主发现了一个将视频流量进行变现的途径，那就是可以在一些点击量颇高的视频中，加入产品的购买链接，吸引视频观众购买；播主则可以与产品方协商，获得相应的佣金。

PewDiePie，瑞典人，2010年他从大学退学后成为一名全职的"YouTuber"，也就是在YouTube上制作内容进行发布的创业者。他制作的节目内容以游戏评论为主，2015年，视频播放总量已经达到1000亿次。通过视频播方的分成以及"带货"收入，2018年，他每月可以赚到800万美元，其中85%是"带货"收入。

另外一位颇具代表性的创业者，是一位年仅8岁的得州男孩莱恩·卡吉(Ryan Kaji)，这位播主的妈妈为了儿子的理想辞去工作，从2015年开始协助他制作玩具测评视频，并将购买链接附在视频的下方，仅用3年时间就吸引了2290万订阅者，视频播放数量超过350亿。2018年，这位小朋友赚取了7.85亿美元，成为YouTube上的"带货"冠军。

在中国，"带货"起源于2013年的微博，2013年阿里入股微博后，微博就具备了营销属性。此时，众多明星、"大V"运用手中的巨大流量，通过软文、图文等方式推销产品，这算是中国"带货"行业的1.0时代。

2016年，随着云技术的广泛应用以及网络带宽的提升，网络直播逐渐成为新的互联网风口，图文"带货"开始受到这一新业态的冲击。在这一年，淘宝开通了直播平台，起初是为了满足一部分只想闲逛的人群。马云曾说过，每天都会有数亿人登录淘宝，但60%的人什么都不买只是闲逛。如果能够勾起他们的消费冲动，对淘宝业绩的提升将非常有帮助。网络直播，就是手段之一。

淘宝开通直播功能后，划分出不同的门类，比如美妆潮搭、母婴等主题，同时，运用内部资源"孵化"主播，以薇娅、李佳琦、烈儿宝贝为代表的播主通过淘宝脱颖而出，成为"带货"主力。不过，此时并未引起轰动效应，主要是以下几方面原因造成的。

一是直播"带货"不过是将电视上的购物频道搬到了网络，早已厌烦了各种广告的消费者，不愿花费时间、浪费手机流量，去看这样一种并不新鲜的产物。

二是相比搜索性购物，直播购物并不方便，且不直观，"带货"商品只是通过单一的宣导让人产生认知；可如果直接搜索产品，会出现品牌、价格、性能的对比，这样的消费更加理性。

三是直播购物趣味性不足，直播间的节目基本都是为了推销而做的展示，时间一长就会令人感到乏味。

一直到2018年，"带货"直播行业都非常平淡。不过，这种情况随着以内容为主的短视频平台的出现，发生了改变。快手和抖音并非电商型平台，而是通过广大用户自制不同类型的短视频，来吸引用户打发休闲时间的一种自媒体。在聚集大量用户之后，如何实现盈利就成为这类平台的首要任务，"带货"也就理所当然地成为其中之一。这两家平台分别于2017年和2018年开通了直播功能，通过直播，播主可以依靠打赏和"带货"获取收益，而平台方则可以获得相应的抽成。

"带货"的发展期

2018年，中国的"带货"经济进入快速发展期。

这一年出现了几个标志性事件。淘宝的"带货"总额超过1000亿元，同比增速达到400%，播主人数增加了180%，超过100万"粉丝"的直播间达到1200个，月入百万的主播超过100人，全年成交破亿的播主人数达到81人①。当年的"双十一"，马云和李佳琦比赛卖口红，结果是马云甘拜下风。

这一年，"带货"已经从一台手机、一个演示台、一个背景板，外加主播就可以运营的草莽时代逐渐进入团队化、专业化，行业头部主播几乎都拥有一支专业团队负责具体运营，其中包括平台接洽、运营的前端，产品选择和价格谈判的中端，以及售后服务的后端等环节。有的主播团队，仅负责产品选择的人员就达到十多个；主播在直播中的演讲内容，也有专门负责文案的人员提供。

前面提到的李佳琦就是这类Mcn机构与平台合作孵化的代表性人物。李佳琦原本默默无闻，早期是一名化妆品导购，在其公司举办的线上化妆品达人活动中脱颖而出，选择与一家名为"美one"的Mcn机构进行合作，成为中国"带货"行业中最具人气价值的播主。

仅在抖音平台，李佳琦"粉丝"就已经超过3300万，2018年的"双十一"，他用15分钟的时间卖掉了1.5万支口红，4分钟卖掉3万盒三只松鼠的纸皮核桃，一天创造了近3亿元的销售额。2020年，每次直播的观看人数超过700万，一年直播389场②。为了做好"带货"，他将家改造成了仓库，里面有数不清的各类化妆品。

---

① 淘宝官方. 2018淘宝数据报告 [R]. 杭州：阿里巴巴，2019.

② 橘子娱乐. 李佳琦365天直播389场，6个小时试380支口红，这敬业态度活该他 火 [EB/OL].2019[2020-07-18].https://k.sina.com.cn/article_5291824241_13b6ad47100100mbui.html?sudaref=www.baidu.com＆display=0＆retcode=0.

另一个典型事件，是诞生于20世纪50年代的一款护肤品的热销。20世纪90年代以来，随着外资品牌进入中国，优良的品质加上时尚的营销策略使得原来人们经常使用的国产日用品逐渐失去了市场。这样的情况在2019年出现了一次改变。一款诞生于20世纪50年代医院药房的抗干燥护肤品，经过100多位主播的联合推荐，迅速成为畅销品，最多的时候一周就卖掉了51万瓶。

这款产品有多火呢？这款润肤品的厂家——北京某医院药房门口，每天都会有数十米长的队伍，排队者成箱买入。药店原本只卖8.5元/瓶，经过直播"带货"后，迅速被炒到16元/瓶，由于销量太大导致供不应求。仿冒品也趁机混入，市场上一下子出现了十多款包装相似的维生素护肤品。

直播中，主播宣称，"十几块钱的老国货品牌，品质却不输国外几百元的化妆品，用这款产品，可以抗衰老"。一款原本和大宝SOD蜜一样的普通护肤品，经过"带货"主播的推荐，就变成了一款畅销品，这就是"带货"经济所产生的魔力。

明星加入"带货"行列

明星选择加入"带货"领域主要基于以下几方面原因。

一是收入压力。近年来，由于受到一系列政策限制，影视剧拍摄进入低谷期，众多从事演艺行业的明星，收入大为缩减，演艺工作者半年无戏可拍成为一种常态，收入的压力迫使他们不得不去寻找其他变现途径。"带货"所产生的造富效应，吸引了众多明星的目光。

二是明星自带"带货"属性。根据电商发布的数据，当红明星的穿着，会迅速成为电商的热搜词，诸如杨幂同款、朱一龙同款等。这是由于"粉丝"的追星效应使然。

在这样的背景下，从2019年7月开始，数百名明星扎堆进驻各大互联网直播平台，其中包括王祖蓝、李响、陈浩民、马可等当红明星及"赵家班"等。一些真人秀类节目，也利用明星排练、演出的间隙，开启直播，进行"带货"。

不得不说，明星"带货"虽然具备一定优势，不过效果却差强人意。比如，知名主持人李湘向一家服装品牌收取了80万元的"坑位"费，却没有卖掉一件衣服。

"带货"经济呈现出蓬勃发展的态势，不仅参与人数和类型爆发式增长，"带货"商品的种类也在不断翻新，已经从之前的美妆、日用品发展到了房产、汽车等大件产品。比如，某些直播中，汽车品牌会投放数十台半价汽车，吸引观众抢购。车企的目的并非通过直播赚钱，他们看重的是直播间中上千万的关注度：只要投放几台汽车的成本，就能收获极高的曝光量，相比于传统广告，性价比更高。

不过，网络"带货"直播在这个阶段也暴露出种种问题，主要包括以下几方面。

其一，"带货"是金字塔结构较为明显的行业。李佳琦、薇娅等"带货"明星构成了该行业的顶层，也是创造财富的主力，赚取了巨额财富；人气博主、优质内容生产者构成了次级；在这个金字塔的底层，是数量众多、默默无闻的小播主。这些小播主被Mcn机构称为素人，为了获得人气，他们不得不加班加点工作，所获得的回报却极为有限。

其二，诚信丧失，刷粉、刷单现象普遍。Mcn机构和产品方往往通过量化指标来评价主播，比如观看人数、互动频次、转化率等。于是，为了提升指标，有"带货"播主用"自己人""机器人"当"托"烘托气氛。此外，成交数据的真实性也有待验证。"带货"直播的行业现状是，如果仅仅和主播谈佣金，几乎没有播主合作，产品方必须先交一笔固定费用，业内称之为"坑位费"。由此可见，主播对产品的实际成交量并无信心。另外，货品的退货率居高不下，根据公开数据，"带货"退货率在60%以上。这种非正常数据的产生正是Mcn机构与播主为了营造销售火爆场面，先行购入货源，成交之后退掉导致的。

有的主播会和产品方合谋欺骗消费者。比如，他们会用主播为"粉丝"谈价格的方式向产品方索要最低价，名义上是为"粉丝"争取利益，为消费者争取"半价""一折"的机会，可远高于成本的真实售价依然可以让产品方赚得盆满钵满。

其三，产品方并未受益。对产品方来说，选用素人为其"带货"，费用不高，但效果差强人意；选择头部主播"带货"，意味着高昂的营销费用，加之销售价格还要比平时更加低廉。综合算下来，"带货"对产品方来说，仅仅是"做广告""交朋友""去库存"。根据众多中小商家的反馈，一场"带货"直播不赚反亏的比比皆是。

最后，"带货"播主的生存状态堪忧。每周7天，每天工作12小时，是"带货"主播的工作常态，哪怕一天停止工作，原有的"粉丝"就有可能流失。不过即便这样，获得理想的收益难度极大。头部主播过劳现象也同样存在，据媒体报道，李佳琦一年出门的次数屈指可数，休闲娱乐的时间几乎没有；薇娅每天只睡3小时，除去基本的生理需求，一天大部分时间都花在策划、选品等与直播有关的工作中。

疫情助推"带货"

2020年突发的疫情危机，将直播"带货"行业推上了高潮，造成这一现象的主要是三方面原因。

一是有闲暇时间的人越来越多。直播"带货"需要观众有大量的闲暇时间进行观看，疫情期间全国人民被限制在家创造了这样的时机。

二是互联网内容逐渐贫乏化。随着内容收费以及管理逐渐趋于严格，看电视剧需要花钱，看电影需要花钱，免费内容也在各种审核中烟消云散，这样就使得"无聊"的人群涌入了直播间，打发闲暇时间。

三是商家的大力推广。疫情导致人们逛街难度增加，实体店更大地让渡于网络，诸多品牌为了尽快恢复销量，大规模使用网络作为突破口，而直播"带货"，就成为商家最愿意砸钱的途径。

企业家试水"带货"

疫情期间，心急火燎的明星企业家开始走出办公室，利用自身IP价值，为自家产品做起了"带货"。这些企业家包括携程网的梁建章、银泰商业的陈晓东、七匹狼的李淑君、苏宁易购的徐海澜、红蜻蜓的钱金波等，其中又以格力电器董明珠的"带货"体验最为典型。

董明珠涉足"带货"，主要是疫情导致的公司经营压力造成的。2020年3月初的一次直播节目中，董明珠向主持人坦言，2020年2月，格力电器一分钱没有进账，亏损200亿元，选择"带货"就成为扭转格力损失的重要举措。

2020年5月初，董明珠进行了三次"带货"直播，第一次成交额是23万元，第二次达到3.1亿元，第三次的销售额则达到7.3亿元①。三次的数据差距如此之大，不免引发了质疑，认为数据如此悬殊，是第一次直播效果不佳，马上要求代理商刷单造成的。董明珠"带货"，实际上是将格力的亏损转嫁给了下游。

政府工作人员加入"带货"行列

疫情期间出现的另外一个奇特的景观，是众多政府工作人员加入"带货"的行列。

据不完全统计，2020年2月到4月间，各地都出现了政府工作人员为农副产品"带货"的现象。2020年2月24日，海南省文昌市委书记钟鸣明、市长王晓桥、东方市市长张长丰、乐东黎族自治县千家镇委书记刘学新以及海口市农业局局长陈芳登录网络直播平台，为海南的菠萝、地瓜、朝天椒、毛豆、芒果进行代言；西象州县委副书记则推荐了当地的柑橘；浙江衢州市市长为当地的柑橘"带货"，当日售出20万斤。

2020年4月一条视频突然出现在网上，丽水市委书记胡海峰为当地的旅游做起了代言。视频中，这位政府工作人员与旅游从业者交谈，还向广大公众推荐当地秀丽的山水风光。

---

① 格根坦娜."带货"76亿，董明珠直播这一月[EB/OL]. [2020-07-03]. https://baijiahao.baidu.com/s?id=1668396762443302717&wfr=spider&or=pc.

政府工作人员扎堆进入"带货"领域，主要是疫情期间物流的阻断导致农副产品滞销，加之扶贫任务艰巨使然。这种形式开辟了扶贫的新出路，不过所引发的问题同样不容小觑。比如，政府工作人员推荐产品的入选过程是否公开透明，所"带货"物的质量能否保证，政府工作人员"带货"是否是在作秀，这些问题成为公众关注的焦点。

天九老板云实现从"带货"到"带项目"的飞跃

随着影响力的扩大，"带货"门类逐渐扩散，甚至很多投资项目也通过"带货"直播的方式进行宣导。

在中国，邀请名人对投资项目代言的历史，恐怕要从2000年左右相声演员牛群担任安徽省蒙城县副县长开始算起。当时，这个国家级的贫困县想通过养牛来帮助当地百姓脱贫致富，但当他们招商引资时，遇到了一个极大的难题，那就是外地商人对这个县一无所知。这时，一位商人认为，如果可以邀请牛群这样一位家喻户晓的相声明星为该县做形象代言人，可以提升招商引资效果。就这样，牛群从相声演员变身为该县的副县长，而安徽蒙城县也因此获得了大量投资机会。根据后来的统计，在牛群担任该县副县长期间，引进项目达到十多个，吸引资金的规模也达到了5亿元。

此后，明星越来越多地参与投资项目的代言。比如，一些上市公司的股东名册中，就可以看到明星的身影。2013年，艺人胡海泉成立了一家基金公司，规模达到了13亿元，投资项目达到30个。依靠"粉丝"效应，该基金会不仅可以吸引大量投资人，还可以为项目投资带来极大的便利。

根据不完全统计，2015年参与带项目的明星，包括任泉、李冰冰、黄晓明、那英、蒋雯丽等众多演艺界人士。行业甚至发展出一种"明星+专业投资人士"相结合的商业模式，明星负责品牌营销，具体业务则交给专业人士负责。

网络直播的广泛运用，使得"带项目"正式成为投资领域的商业模式：有影响力的业界人物，通过网络直播对投资项目进行宣导。这种方式的推出，深刻改变了投资行业的格局。

作为支撑的直播平台，出现了诸如盟主直播、诺云直播、方维路演、腾讯会议、天九老板云等商务直播平台，依靠积累起来的商业用户实现诸多商业领域的应用，如在线会议、年会、项目发布、推荐等。比如盟主直播，他们与国内最大的商业软件开发商用友公司进行合作，导入云市场，实现了用户在线开会的无缝对接。针对疫情期间诸多用户不能有效开展会议的问题，腾讯利用其庞大的基础客户量和技术优势，短时间内推出了"腾讯会议"，为"带项目"提供了技术保障。

在直播形式方面，"带项目"大都由企业创始人或者是具有一定影响力的人物对投资项目进行宣导和讲解，利用网络直播辐射面广、不受地域等因素限制的优势，使得项目知名度产生裂变。其中，天九老板云成为"带项目"的领军平台。

整个疫情期间，天九老板云利用之前搭建好的技术平台，开展了一系列"带项目"活动，取得了良好的效果。天九老板云系统原本是天九集团作为战略储备的一款产品，通过线上路演的形式，使得活跃在天九平台上的百万企业家客户能够随时随地观看到最新投资项目，代替以往客户舟车劳顿参加线下路演会，错失投资机会的烦恼。2020年突如其来的疫情，使得这样一款战略型产品真正发挥了作用。疫情突如其来，全国各地纷纷采取了封路、封小区、封城等紧急方案，造成人员流动停止、经济运行急刹车的状况。很多人在家中只能观看手机打发时间。然而，天九老板云的出现让投资者不再局限于刷抖音、聊微信等活动，而是可以利用这段空闲时间，通过线上路演的形式，发现更好的投资标的。与此同时，这款App也改变了实体项目的投资方式与效果。

2020年5月，一家国外企业进入中国，核心产品是一套可以将患者的医疗影像资料电子化存储的系统。患者和院方可以使用电子设备对医疗影像进行查询和存储，免去了患者保管、携带传统胶片的困难，也节省了医院存储胶片的空间和成本。该系统还可以解决因转院需要重新进行检查的问题。当然，这项技术需要大面积推广才能发挥作用。这种情况下，这家公司选择通过天九老板云对平台上的百万企业家进行项目路演，仅在项目发布当晚，就收获了数千万元的股权资金和众多企业家的联营意向。可以想象，如果不是通过这种网络直播的形式，这家以技术研发为主的高科技公司很难在疫情期间打开中国市场。

天九老板云另外一个标志性事件，是这家公司的CEO戈峻先生采用对话聊天形式为"带项目"带来了全新体验。戈峻此前担任过英特尔公司的全球副总裁以及苹果公司的全球副总裁，长期海外工作履历为其带来极大的商业IP价值。随着疫情的蔓延，国内商业活动被迫停滞，商业信心遭受重大打击，在这种情况下，戈峻每天通过天九老板云的视频直播，以"围炉夜话"形式，畅谈企业发展的心得，借机向广大企业家推广优质项目。通过这种对话形式，广大投资者不仅看到了优质项目所蕴含的巨大市场机会，也为接下来的项目运营铺平了道路。

"带项目"与"带货"的一个重要差异是，虽然都是通过直播平台，但它所带的"货"是投资项目而非消费品，这使得"带货"行业中"人""物""场"三要素中的两个要素发生了改变，正是这种改变，产生了质的飞跃。

首先，"带项目"过程中的"带货"主播会通过节目交流商业思想，这就让受众学到诸多商业思维。此外，"带货"激发了人们的感性冲动，而"带项目"本质上是一种投资，需要信息接收方具备理性的思考能力。所以，当"带项目"这一新型商业模式横空出世的时候，针对的客户群体和其所蕴含的商业价值，就发生了极大的改变。

当人们观看直播，不是出于打发时间，而是开始学习最新的经营思想，进而成为理性人的时候，谁又能说"带项目"仅仅是个营销活动呢？当所带的物品是经过人们深思熟虑之后才决定下单，谁又能说，这个产业不会形成良性循环呢？从这个角度来看，"带项目"使得"带货"产业焕发出了新的生机。

巴菲特的"带货"，带的是投资理念

全球最受瞩目的股东大会

2020年5月2日，一年一度的巴菲特股东大会如期举行。不过，这次股东大会和以往有些不同。

首先，根据此前发布的公告，巴菲特的伯克希尔·哈撒韦公司，在当年的第一季度，出现了497亿美元的亏损。这种亏损的幅度，在巴菲特的投资生涯中尚属首次。

其次，这次股东大会，首次采用了网络直播的方式，巴菲特和他的合作伙伴，没有像之前那样，和数万全球各地赶来的观众一起"座谈"，而是选择面对镜头，在线互动。

尽管如此，大会依然吸引了众多目光。人们想通过这次股东大会，看看股神对于疫情之后全球经济的展望，也想听听巴菲特对于伯克希尔·哈撒韦公司出现亏损的解释。

可以说，长期以来，巴菲特的股东大会，都成为投资界的嘉年华。令人好奇的是，全球投资者众多，成功的投资者也不乏其人，索罗斯、罗杰斯……能喊出名字的有一长串，为何独有巴菲特成为投资人中最知名的意见领袖？

此外，巴菲特的高调似乎也和众多成功投资者不同。在公众的印象中，能称得上"股神"的富豪，大都喜欢"大隐隐于市"。比如，中国最知名的投资人徐翔，直到涉嫌犯罪，人们才从网络上看到了他身穿白色西服的真容。究其原因，还是由于"人怕出名猪怕壮"的观念使然。那为何巴菲特高调面对公众，与之交流互动呢？

巴菲特为何与公众互动

巴菲特的投资，总的来说秉持的是一种保守的投资理念。因为强调复利在股票中的作用，他持有一只股票，往往会长达数年，甚至数十年，通过这些公司的持续盈利来获取利润；因为强调"能力圈"的原则，在漫长的投资生涯中，他将自己的投资标的集中在传统行业之中，比如汽水公司、冰激凌公司、家具店、银行、保险公司等，对高科技股票，鲜有涉足；因为强调"护城河"概念，巴菲特投资的项目中，往往选择一些具备行业壁垒的公司，诸如可口可乐、喜诗糖果等。

虽然这套投资理念独具智慧，但是问题也不少，其中最大的问题是：保守主义的投资，需要用时间来换取财富，持续周期非常长。这种思维和绝大多数投资人的心态非常不同，大多数人进入股市，往往抱着一夜暴富的心态，那些一天涨100%、200%的股票，才是他们追寻的目标，所以，巴菲特的这套投资理念并不招这些投机者们的待见。

投资是一件主观性极强的事，公众不认同某种投资理念没有关系，赚自己的钱，让别人去说吧！对散户来说，这样或许可以，不过对巴菲特这样的投资人来说却不行。要知道，巴菲特的财富增长途径，主要是通过他控股的伯克希尔·哈撒韦公司来实现的，而这家公司极为特殊。

为了更好地开展投资事业，巴菲特在20世纪60年代收购了这家名为伯克希尔·哈撒韦的纺织厂。纺织行业属于夕阳行业，巴菲特之所以收购它，主要原因是价格便宜。之后，他将这家公司转型成为以资本运作为主的投资公司。借着这家公司，巴菲特收购了数家保险公司，利用保险公司充裕的现金，继续收购目标公司的股权。直到现在，伯克希尔·哈撒韦虽然名义上是一家纺织厂，但其盈利却来源于其控股的其他公司。所以，买入伯克希尔·哈撒韦这家公司股票的投资者，既可以称为股东，又可以称为这只特殊封闭式基金的投资人。从这个角度来看，把巴菲特称为基金经理不为过。公司的股价增长，意味着巴菲特基金价值的增加，反之，基金价值就会相应缩水。

股价的增长，一方面需要依靠公司本身的盈利能力，另一方面则需要众多投资者的参与。巴菲特的伯克希尔·哈撒韦同样如此。目前来看，巴菲特执掌的资金规模，已经高达千亿。这样的资金规模，一进一出都会引起资本市场不小的震动。如果巴菲特刚刚介入某只股票，这只股票的其他投资人就进行抛售，那么巴菲特的投资就会遭受损失。因此，巴菲特必须将他的投资理念与公众进行分享，获得认同，这样，才能在股票投资的过程中保持步调一致。

这正如马斯克将特斯拉公司的电动车技术与全世界免费分享一样。当特斯拉电动汽车进入市场之后，马斯克发现，只有将电动车生态系统建立起来，才是特斯拉汽车能够普及的关键。电动车需要足够数量的充电桩，使用者使用起来才方便。可是，光靠特斯拉一家公司无法实现让全世界普及充电桩的目标。另外，如果众多品牌电动车另起炉灶，研发相关技术，标准不统一，也会为今后的保养、维修带来极大困难，更为关键的是，这样会错失电动车抢占市场的先机，无法与存在了百余年的燃油汽车形成竞争局面。要知道，现在的燃油汽车，技术架构已经基本一致，好处是可以形成大型的产业集群，将产品成本降至最低。这种情况下，马斯克就将特斯拉研发的电动车专利无偿分享给了所有汽车制造企业，目标就是建立起电动汽车的生态系统。

财富守门人的简朴

巴菲特需要赢得投资人的信任。与大家印象中的富豪完全不同，巴菲特虽然已经坐拥数百亿美元的财富，但他的生活却异常低调和简朴。直到现在，他还住在20世纪50年代买的房子里，根据目前的市场价格，只值77万美元。此外，伯克希尔·哈撒韦公司的总部没有设立在世界金融中心的纽约华尔街，而是屈居在巴菲特的老家——一个名不见经传的小城奥马哈。每天他会开着一辆颇具年代感的汽车，到餐厅买一份早餐，之后来到区区十六平方米大的办公室开始工作[①]。

巴菲特拥有如此多的财富，却依然过着如此简朴的生活，原因当然与他出生于大萧条时代、从小过着一分钱掰成两半花的经历有关，更与其持有的保守主义理念密切相关，因为保守主义恰恰是倡导人们远离物欲的驱动，过一种"清教徒"式的生活。

这种生活方式放在投资领域来说，当然有其优势，投资不是在冒险，选择巴菲特这样的合作伙伴，就是在选择一个财富的守门人，把钱交给巴菲特的公司进行管理，不用担心他会把别人的钱不当回事。

不过这种工作和生活的方式，似乎和印象中的金融行业格格不入。比如中国的一些金融类公司，不管是否赚钱，都会先把门面做好，办公室租在城市最贵的地方，拥有尽可能大的空间，装修更是富丽堂皇。从业人员也往往西装革履，使用最先进的工具做各种数据分析，而公司的老板也总会将自己包装成出手阔绰的形象。

---

① 品牌观察.巴菲特带你参观他的办公室 [EB/OL]. 2018[2020-08-03]. https://www.sohu.com/a/270008505_114844.

为何这种公司要包装自己呢？因为这样可以让他的客户不自觉地产生信任，生意做起来更加容易。而巴菲特却要用其他的方式，给他的投资人带来信任感。我们就来看看，巴菲特是如何做的。

巴菲特如何"互动"

从1957年开始，巴菲特每年都会给股东们写一封公开信，用来阐述基金的运作情况。

公开信的内容，相当于巴菲特的投资笔记，包括伯克希尔·哈撒韦公司在上一年的经营情况、所持股份的行业运行情况，以及投资变动的原因。公开信中，他还会谈及所持有公司在经营中出现的问题，以及如何解决，还会给出今后可能出现的风险。这些公开信被广为转发，甚至还被翻译为各种文字，被众多专业投资者细心研读，奉为"投资圣经"。人们想从字里行间挖掘出巴菲特的投资思路加以运用。

表面上看，巴菲特的公开信只是单纯地向投资人汇报公司经营状况，不过，却起到了一些特别的作用。比如，巴菲特对投资标的进行投资往往会引起对方警觉。早年间，巴菲特收购了《华盛顿邮报》，这家企业的管理层对于这样一位并不熟悉的投资者，表现出不知所措的样子。他们认为来者一定不善，甚至会对公司的经营和管理做出干涉，整个管理层都在避免与巴菲特接触。经过一段时间的磨合，这种情况才最终得以改观。不过，类似的事情如果频繁发生，势必会对巴菲特的投资带来负面影响：每收购一家公司，都要花费大量的时间去进行磨合，那么，时间成本就会无限增长。而公开信却起到了加深信任的效果，通过公开信，人们不但认识了这位投资家，而且对他的投资思路和理念有了更多理解，这就为巴菲特的并购行动打下了良好的基础。

当然，巴菲特公开信的另一个效果是给投资人打了风险预防针。有投资经验的人都知道，即便决策考虑再周全，也难免遇上黑天鹅，即便是巴菲特也会遇到这样的问题。比如，他投资的甲骨文公司，最终就是以亏损卖出作为结局的。一旦出现这样的问题，如何向合作伙伴做出解释就会成为很大的问题，而公开信就很好地解决了这个问题。通过公开信，将公司运作的情况以及思维决策的过程明白地告诉投资者，如果出现收益不及预期甚至亏损的情况，也会缓解投资人的怨气。

股东大会办成"嘉年华"

巴菲特的另外一个创举，是将股东大会，做成了一场有关投资的嘉年华。每年5月，来自全球的投资爱好者都会聚集在巴菲特家乡，美国中部、只有40万人口的小城奥马哈，参加巴菲特股东大会。近些年，每年的参会人数已经达到5万之多。如此多的人同时涌向一座小城，使得这里的房租价格出现飙升。

在这场投资爱好者的聚会中，人们可以看到各路名人云集于此，比尔·盖茨会在会场中和巴菲特一起打桥牌；苹果总裁库克有可能和这些普通人擦肩而过；巴菲特还可能一边吃着他旗下的DQ冰激凌，喝着可口可乐，一边向观众推荐旗下产品。甚至，伯克希尔·哈撒韦还会专门安排一个超级购物日，旗下品牌在这一天会推出比圣诞节的力度还要大的折扣，大到私人飞机、游艇、房车、保险，小到DQ冰激凌、可口可乐、亨氏番茄酱、图书绘本、吸尘器、艺术品，只要是巴菲特参股的公司产品，都会出现在展会中。如果购买足够数量的珠宝产品，还有可能得到和巴菲特合影的机会。

当然，巴菲特和他的老搭档查理·芒格与众多观众之间长达数小时的问答，是这场嘉年华的重头戏。数万名观众会坐在体育场中，争抢分散在场馆中的十几个麦克风，争相向两人提出涉及投资理念、人生态度、人性见解等方面的问题，他们也往往知无不言，言无不尽。

这样的形式，在全球的公司治理模式中，也并不多见。比如国内的一些上市公司，面对中小股东和客户，往往视其为捣蛋者，害怕中小股东给自己找麻烦，召开股东大会时，往往如临大敌，应付了事。从一些事件中，我们也可以看出其中的端倪。比如格力电器的负责人董明珠，就在一次股东大会上与机构股东就如何分配红利发生了激烈的冲突。股东大会的境况，由此可见一斑。那为何巴菲特的做法和其他企业完全不一样呢？

其中很重要的原因，当然是巴菲特的投资非常成功，足以让投资者满意。不过更为重要的是，巴菲特通过这种造势的方式，带动其所拥有公司市值的提升，形成财富增长的良性循环。

这一点，我们通过一个简单的例子就懂了。国内有一些专门做股票投资的公司，其中有一项重要的业务就是市值管理。所谓市值管理，就是通过资本运作手段，提升股票的价格，不过这种业务渐渐地变了味道。有的机构，仅仅为了短期之内顺利变现，就与上市公司合谋，制造事件，商量好利好信息发布的时间，届时拉抬股价。平时，他们也会运用自己的资金，不断低买高卖，制造成交量抬升股价。这种游走于法律边界的灰色产业却成为一些上市公司的通行惯例。

市值管理在美国同样存在，只是方式不同，比如巴菲特和他的伯克希尔·哈撒韦。通过股东大会，公开与投资人交流投资思路，将自己的投资理念与大家分享，利用巨大的IP价值，吸引全球投资者的关注，股票的价格在合法的情况下得到提升。

拍卖午餐，全球瞩目

每年，巴菲特都要拍卖自己的一次午餐，出价高者，可以和巴菲特共进午餐，拍卖款项会捐赠给一家慈善基金会用来扶贫。午餐会通常被安排在奥马哈的一家牛排店里，几个人加起来的餐费不会超过1000美元。经过十几年的积累，这场午餐的价格水涨船高，从最开始的1.8万美元，已经涨到现在近400万美元。参与午餐拍卖的"大佬"，或许大都抱着向巴菲特取经的想法，但真实场景下所谈论的话题往往集中在人生理想等方面。

诚然，巴菲特是在将自身的IP价值变现，做一些有意义的事情。不过，这场午餐会却所起到了更为重要的作用。通过拍卖，巴菲特收获了全球富豪的目光，高昂的价格成为全球媒体报道的焦点，某位富豪中标后又会引得他的"粉丝"对巴菲特产生兴趣，他们的想法是：究竟是什么原因让我的偶像下如此大血本吃顿饭？

一个著名的案例是：2019年，一位来自中国的数字货币创始人孙某某花费456万美元拍下了巴菲特午餐，创造了巴菲特午餐价格的新纪录。国内的舆论将这位之前只在币圈活跃的人物推上了风口浪尖，每个人都对这样一位不到30岁却拥有上亿财富的人产生了浓厚的兴趣。甚而这位孙某某也毫不讳言地说，之所以拍下午餐，就是想让全世界知道，数字货币利润可观，巴菲特保守的投资理念应该改一改了。与此同时，巴菲特的名气也在这场舆论风波中被推上了新的高度。

明星股票的吸金效应

美股价格最高的股票，就是巴菲特所持有的伯克希尔·哈撒韦公司。按照最近的行情报价，价格已经高达26万美元，按照美国平均的收入水平，投资一股伯克希尔·哈撒韦，需要普通人5~6年的收入。这样带来的直接结果是将很多愿意投资这只股票的投资人阻挡在门槛之外，不过，这也是巴菲特与投资者互动的一种方式。

巴菲特从来不对伯克希尔·哈撒韦的股票进行分红，这点和其他上市公司不同，为了吸引更多投资者参与其中，很多上市公司在股价高企的时候，都会进行高比例的分红送股，让股票的价格下来。比如，A股的上市公司中，一只股票的价格如果到了100元，就可以用买十股送十股的方式，将股票的价格变成50元，股票数量变成原来的两倍，价钱便宜一半，这样就会吸引更多的投资者投资该股，因为从直观上看，股票便宜了。

巴菲特为什么不这么做呢？公开的理由：送股无非是上市公司变的戏法，财富不会增加，一张10元钱，变成了2张5块钱，就是一种文字游戏。而且不断对股票进行分红和送股，是在鼓励投资者投机。试想，一只10块钱的股票，买和卖的决策可能在一瞬间就决定了，可是如果一只价格高达几十万美元的股票，无论如何操作都会非常慎重。

不过，更为重要的原因是，成为全球最贵的股票，就会成为标杆。这就好比，大家都知道世界最高峰是珠穆朗玛峰，可是世界第二高的山峰是哪座，很多人就不知道了。贵州茅台成为A股中最受瞩目的股票很大的原因是茅台是最贵的。这种明星股票的标杆效应不但将巴菲特的投资理念做了普及，同时使得伯克希尔·哈撒韦成了价值投资的代名词。

巴菲特秀出了投资的生态链

用20世纪90年代美国学者詹姆士·穆尔的商业生态系统概念来看，巴菲特不断"互动"的做法，是在和他的"粉丝"共同进化。

如果将巴菲特比作商家，无疑，巴菲特的"粉丝"，就是他的"消费者"，而巴菲特所做的，恰恰是让这两者之间的界限变得越来越模糊，形成价值共享、共生共荣、彼此赋能的新型商业模式，而将他们二者之间连接起来的桥梁——商品，就是看似无形的巴菲特投资理念。

毫无疑问，巴菲特运用他的投资理念成为全球股票投资领域中最为成功的一位，不过，正如酒好也怕巷子深的道理一样，好的思想，也必须得到大家的认同，才会产生裂变效应，带来财富的持续增长。从这点来看，在投资思想的普及手段运用方面，巴菲特也是最为成功的一位。

变身"网红"，看马斯克的"带货"

被逼成网红的马斯克

2020年4月末的那几天，有人在夜空下看到一排排成直线的星星划破天际，穿越而过。这种从没有见过的景象令人发出惊叹：星星怎么会如此整齐划一？难道是UFO要光临地球吗？

这些人不知道的是，这些排列整齐的星星，其实是一颗颗小卫星，它们是作为"星链计划"的一部分，被送上太空的。2020年4月22日，第七批60颗卫星，借助一个叫作猎鹰9号的可回收火箭，来到了太空。人们看到的就是这些卫星飞向轨道的场景。

那么，什么是星链计划？2015年，美国一位名叫马斯克的企业家，搞出了一份全球卫星互联网计划：通过向近地轨道发射42 000颗卫星，将全球的每一寸土地覆盖上互联网信号，从而形成一个高质量、低延时的全球互联网通信系统，这就是星链计划。当这个计划完成之后，地球上的每一个人，只要拿着手机，就可以在任何时间、任何地点，使用Wi-Fi上网。不仅如此，这个卫星Wi-Fi，还可以为每个用户提供高达1G的带宽，相比目前大多数家庭使用的宽带网络，不仅速度有了质的飞跃，价格还很便宜。这个计划最疯狂的是：4万颗卫星的数量是目前地球轨道上的人造卫星总数的5倍之多。

大众印象中，航天工程是一个高精尖行业，一般来说耗资巨大，往往都需要国家级别的财力作为支撑。因此，20世纪50年代第一颗人造卫星上天至今的60多年时间里，人类才仅将8000颗卫星送上太空。而马斯克仅仅依靠商业的力量，可以在短短几年的时间发射4万多颗卫星。实现这一目标所依靠的是马斯克发明的另一项黑科技——SpaceX，也就是我们前面提到的猎鹰火箭。

以前的火箭，只能使用一次，将卫星发射上天后，火箭的重要部件——推进器，就被抛在了空中，坠落到安全的地方。在马斯克看来，这种技术浪费了大量的资金，且运载能力有限，最多只能搭载几颗卫星。通过十年的努力，马斯克发明的猎鹰火箭，可以将一级火箭舱进行回收，当推进舱的燃料用尽后，火箭舱可以稳稳地回到预定地点，等待下次继续使用，这样就使得发射卫星的成本大大降低。

不过，这位在美国被称为"钢铁侠"的神人马斯克，可不只会搞发明和创造，事实上，他还创造了一种全新的营销模式。

2017年圣诞节，马斯克发布一条推特，宣布开卖一款名为"无聊"牌的棒球帽，限量5万顶。冲着马斯克这位流量IP，这顶帽子没过多久就售罄了。这种通过推特卖东西的行为，搭上了风头正劲的直播"带货"，而马斯克变身为世界上最受瞩目的"带货"播主。

不过，把自己暴露在聚光灯下，成为众人的焦点，在很多人看来并不是一件好事。因为一旦成为网红，就意味着个人空间的缩小，自己的行为、爱好以及隐私都会成为围观的对象。这就像一些明星成名之后，不得不在公开场合隐藏起自己的身份，因为可能仅仅和朋友在一起抽个烟，也会被"狗仔队"偷拍，发到媒体上。美国有一种说法，各类政治职务中，最受欢迎的职位不是总统，而是大法官。因为当总统需要接受媒体的采访，一举一动都要透明，一个小动作都可能被放在网络和媒体中遭到各种吐槽，就连身体情况都需要按时交代给民众，这样的官当得实在憋屈。大法官则不同，他不仅拥有一言九鼎的权力，最重要的是，不需要和外界有过多的接触。这样看来，当大法官远比当总统要舒服。

在中国就更加明显，比如华为的总裁任正非，即便他经营的公司已经成为全球最大的通讯设备商，可直到几年前，他都主动回避各种形式的采访，人们甚至不知道他家里有几口人，妻子是谁。中国人大都懂得"枪打出头鸟"和"闷声发财"的道理。一个人如果名满天下，就意味着他"谤满天下"，所以，"低调做人，高调做事"就成了中国企业界信奉的人生哲学。

马斯克频频在媒体中刷存在感、变身网红的最初动因并非性格使然，甚至可以说是不得不为之——为了特斯拉汽车。2008年，特斯拉汽车投入生产，为了让广大消费者深入了解这款不用烧油的新概念汽车，马斯克并没有通过传统的广告策略对电动汽车进行推广，而是通过树立个人形象，将自己打造成为特斯拉的品牌代言人。

这里，我们不得不提马斯克的母亲——梅耶·马斯克。这位母亲小时候就是一位童装模特，步入晚年之时，不惜63岁高龄，拍了一张裸照登在了《时代》杂志的封面。她的目的很明确：通过自己的裸体形象唤醒大家对于女性健康问题的重视。受到母亲的影响，马斯克知道了一个道理，越多的人知道你，获得机会的可能性也就越大。

不管是特斯拉汽车，还是猎鹰火箭，抑或是星链计划，马斯克所做的都是突破前人所为，需要建立在无数次失败基础上。不过在公众看来，失败是不被允许的，失败就会成为负面新闻，就会被嘲笑。从这个角度看，马斯克必须学会面对公众，树立公司形象。

为此，他专门聘用了一支团队，对他本人进行全方位包装，在他团队的包装下，马斯克从一位产品的设计工程师变身为一位网络红人，并且在各类媒体中频频亮相。这样一位网红，是如何通过对自身IP的打造，创造出惊人商业奇迹的呢？

需要一个"人设"

网红需要一个"人设"，而这个"人设"，包括内在和外在两个方面。外在形象方面，马斯克刻意将自己打造成动感帅气的形象，这里还有一个不为人知的细节。因为长期思考，步入中年的马斯克已经呈现出谢顶的趋势，这种形象在外界看来，显然既不动感，也不帅气，据说马斯克因此做了植发手术，为的是让自己在公众面前显得更加年轻。由此可见，马斯克对于外形的塑造是多么用心。

内在形象的打造方面，马斯克将自己设定成了现实生活中，依靠科技改变人类命运的侠客。他谈论的话题大都围绕着对人类未来的关注。他对公众说，创办这些公司并不是为了赚钱，而是为了改变人类现有的生活方式。通过这一形象的打造，马斯克成为一名可以拯救地球的英雄，和电影中的蜘蛛侠、超人一样。而这种内在形象的塑造，对于旗下产品的销售非常有帮助。

扬长避短，尽量不演讲

和其他网红不同，马斯克并不善于交流。看过他演讲的人会发现，公众场合下的马斯克显得羞涩和紧张，很多词语是一个一个蹦出来的，加上思维跳跃度极大，马斯克与公众的交流成为一件困难的事情。但作为特斯拉的形象代言人，他又必须面对公众，因此，马斯克扬长避短，充分运用社交媒体等工具，通过文字与"粉丝"交流。如果不得不当众讲话，马斯克用面对面的采访代替现场演讲，弥补了现场演讲气场不足的问题。

当推特成为马斯克的主战场之后，马斯克经常与其他名人"掐架"，发表对问题的不同看法。这种方式收获到很好的效果：比起平常人之间的辩论，人们更喜欢名人之间的掐架。因为人们发现，这些以往需要仰视的名人，也可以像普通人一样吵来吵去。特斯拉2018年的一次季报会议上，马斯克评价分析师对特斯拉的观点，顺便怼了美国投资界的大佬——巴菲特。他对巴菲特秉持的护城河、能力圈等概念嗤之以鼻，认为这种思维很差劲，毫无说服力：如果对抗敌人入侵的唯一壁垒就是护城河，那么不会坚持多久，真正重要的是创新的速度。

巴菲特因此不得不在股东大会上予以回应，科技快速进步确实使得某些行业的"护城河"被摧毁，但科技不可能摧毁每一个行业的"护城河"。仍有一些非常好的护城河存在，例如成为一个低成本的生产商、拥有强大的品牌等等就非常重要。最后巴菲特说："马斯克可能在某些行业里带来颠覆，但我不认为他会在做糖果方面和我们有竞争实力。"所谓的糖果生意，指的是巴菲特公司在1972年收购的喜诗糖果，这家糖果公司历经几十年长盛不衰。

可不服输的马斯克又迅速对巴菲特的观点做出回应，"我就要成立一家糖果公司"并附上了一张经过处理的图片，起名叫无聊糖果，图中还配上了一个带有他头像的徽标。

两种投资思维，本无对错之分，马斯克却用这种带有挑衅意味的行为向一位同样名声赫赫的人物发起责难。不过，在公众看来，这种敢于坚持自己观点，特立独行的态度极具个性，反而收获不少赞誉。

Facebook的CEO扎克伯格在一次直播中提到，对AI的发展抱有积极的态度，同时对马斯克需要对AI保持警惕的态度进行了不点名的批评。马斯克看到后，马上回应：扎克伯格对人工智能的理解有限。接着不留任何情面地删除了特斯拉的Facebook账号。AI技术能够带来什么影响，的确还存在着极大争议，不过，马斯克的这种行为，却符合网红"不鸣则已，一鸣惊人"的特征。

面对争议，不认怂

特斯拉汽车作为一种新兴事物，从诞生起，就吸引了众多眼球，既有爱到癫狂的"死忠粉"，也有指责、怀疑之声，甚至还有人直斥马斯克为骗子，面对这样的声音，马斯克是如何进行应对的呢？

在中国的上海，一位用户停在地库中的特斯拉汽车突然自燃，火势扑灭后，大家将矛头对准了特斯拉，质疑电动汽车的安全性。为此，马斯克一连发表了四条推特，进行分析。

每年有超过100万辆内燃机汽车起火并造成数千人死亡，为何只有一辆特斯拉电动车起火却成了大新闻？公众在这件事上是否存在"双标"？接着，他又通过数据向公众证明，和大多数电动车一样，特斯拉着火的概率比内燃机汽车低50%以上，从而告诉公众，电动汽车是安全的。

这种不低下头向公众认错，立即表明态度的行为，虽然让一些人感到马斯克的傲慢和无诚意，不过，在另一部分人眼中，马斯克不仅是个硬汉，还不服输，使得更多的人愿意加入支持特斯拉汽车的行列之中。

热点事件蹭热度

马斯克喜欢"蹭热点"。比如，新冠肺炎疫情期间，美国感染病毒的人数每天都创新高，不断有人住进医院，这时医疗设备短缺成了最紧迫的事情，缺口最大的是呼吸机。按照现有生产速度，根本无法满足需求。马斯克迅速通过推特发布了信息，特斯拉将会转产制造医用呼吸机，并宣称，可以将特斯拉现有的暖通空调系统加以改造，价格只需要300美元。这则消息一经发布，就被迅速转载。不过，时隔不久人们就发现，按照特斯拉工厂的现有结构，转产呼吸机最起码需要18个月时间，可谓远水解不了近渴。不过马斯克却通过这一事件，再一次成为话题人物。

在一场直播节目中，主持人拿来大麻请马斯克品尝，马斯克问了一句，在这里吸食大麻是合法的吗？在得到肯定的回答后，马斯克接过来吸了一口。这件事迅速在互联网上掀起了轩然大波，虽然在美国的某些州吸食大麻属于合法行为，可一家大型公司的CEO却是个"料子鬼"(对吸毒人员的贬称)，无疑会给企业形象带来负面影响，几乎与此同时，特斯拉的股票就出现了"跳水"，让投资人遭受了不小的损失。

不过他的"粉丝"依然支持他，他们甚至录制了一些小视频，告诉公众，马斯克吸大麻在当地不违法。而这种行为产生的直接效果是：马斯克又一次上了"热搜"，人们又一次将他推上了舆论的风口浪尖。

露脸才能"带货"

2008年，《智族GQ》杂志对马斯克做过一次专访，写成一篇名为"信徒"的人物专访。在这篇文章中，作者对马斯克极具溢美之词。接下来，马斯克在几乎所有的美国著名纸质媒体留下了身影，《连线》《福布斯》《时尚先生》《财富》杂志统统以人物专访的形式将马斯克展现在世人面前。

电视节目也是马斯克争取的途径，2009年，马斯克参加《戴维·莱特曼深夜秀》，节目中，马斯克大谈特斯拉电动汽车优越的性能。

为了更进一步扩大自己和特斯拉的名气，马斯克还争取到不少另类的露脸方式，比如客串影视剧中的角色。据不完全统计，他在《弯刀杀戮》《生活大爆炸》中均客串了部分角色，还参演了《钢铁侠》，这一电影中的虚拟人物随后成为马斯克的代称。钢铁侠是拯救地球的英雄，这一形象恰好可以让马斯克成为现实生活中的英雄。

除了演电影、上直播，找到机会就唱歌跳舞也是马斯克与公众互动的一部分。在上海特斯拉工厂的奠基发布会上，马斯克脱下外套，饶有兴致地跳了一支舞蹈。2019年3月，马斯克通过网络发布一首原创歌曲。在这首歌曲中，马斯克的唱功丝毫不逊于专业水准的歌手，短时间内的播放量就达到了数百万。

有一年愚人节，马斯克发布消息，宣布特斯拉破产了，随之配了一张他在特斯拉汽车旁的照片。照片中，马斯克身上挂着一个写着"破产"字样的硬纸板，脸上挂着泪痕。虽然公众一眼就看出，选择在愚人节这一天发布这样的消息，是马斯克在和大家开玩笑，不过却让马斯克顺势变成了一位喜欢开玩笑的邻家大哥，顺便拉近了公众和马斯克之间的距离。

砸大锤的事情不仅发生在罗永浩身上，在马斯克身上也发生过，不过，他砸的是自家的汽车。这是怎么回事呢？特斯拉研发出一款新型的电动皮卡汽车，为了向广大公众介绍这款汽车的坚固性，马斯克在新产品发布会上，拿起钢球砸向了他的汽车。不过，令人大跌眼镜的是，汽车玻璃开裂了。这种意外虽然对品牌造成了一定影响，但丝毫不影响特斯拉的"死忠粉"对品牌的认可度。要知道，特斯拉汽车的拥趸大都是IT和金融界的精英人士。这部分人看待问题比较理性。他们很清楚，作为一种新兴事物，出现一些故障非常正常，所以，即便特斯拉汽车并不完美，他们也会继续为一款面向未来的产品埋单。

在充分运用这种全新的营销模式的情况下，特斯拉汽车的销量获得了不俗的成绩。2016年，model3刚刚推出后，预订数就达到了35万辆。2020年的疫情期间，特斯拉的股价在短暂的调整之后，就重回升势，成为全世界市值最高的汽车企业。而这一切，与马斯克作为网红的"带货"，不无关系。

"带货"的境界：罗永浩和他的精神教父——乔布斯

罗永浩又创业了

2020年4月1日，西方的"愚人节"，疫情的阴霾还没有散去，中国互联网十余年来热度不减的人物罗永浩，在这一天开始了他的"带货"生涯。他和字节跳动旗下的抖音合作，开辟了直播间，学起了这两年火爆全网的网红李佳琦、薇娅，开始直播"带货"。

罗永浩"带货"的目的，用他的话说，"不为赚钱，只为交个朋友"。可明眼人都知道，花费九牛二虎之力，组建团队和供货商洽谈，显然不单纯是为了交朋友，更主要的目的是还掉"锤子手机"欠下的巨额债务。这笔债务的规模有多大，按照罗永浩发布的公开信，达到6亿之巨。在这封公开信中，罗永浩提到，虽然按照法律规定，罗永浩如果申请锤子手机破产，欠下的这笔债，就不需要全数偿还，且以后创业也可以轻装上阵，但用他的话来说，这样做对不起供货商，良心上也过不去。正如史玉柱当年二次翻身的目的一样，如果不还债，就没办法继续做人。正是在这种道德感召力的驱使下，罗永浩想到了再次创业。

至于为何要选择用直播"带货"的方式开启他的这次创业，其中的一个原因是，"带货"成了近年来为数不多的热门行业。一个名不见经传的表演系毕业生，经过团队的简单包装，和一个流量不错的平台合作，卖的东西仅仅是随处可以买到的口红，就可以在5分钟之内卖掉15000支。一位卖水果的小贩，转行做起了"带货"，一晚上可以卖掉10万瓶防晒喷雾。这位网红结婚的时候，据说请客就花了7000万，请来42位明星为其捧场。在这种暴利驱使下，众多明星也纷纷加入"带货"行列，而罗永浩在拥有数千万"粉丝"的情况下，选择直播"带货"，也就成为必然。

在这场直播中，罗永浩请来了IT行业"大咖"、搜狗CEO王小川为其站台。直播期间，王小川在罗永浩的怂恿下拿出10万元的红包送给观众。

首秀的战绩不俗，整个3小时的直播过程中，观看直播的人数达到了惊人的4800万，推出的22款产品，交易总额达到1.1亿元，销售数量达到了91万件。其中，由王小川带来的搜狗录音笔卖掉了1600多台，联想的Thinkplus口红电源则卖掉了3.6万只。

偏执狂的角色扮演 (cosplay)

锤子品牌来源于铁锤砸冰箱的抢眼策划，铁锤砸冰箱的策划来源于乔布斯发布会里的颠覆者形象。

选在愚人节这一天开启"带货"生涯，体现出罗永浩做事的不同之处。这位一直以来以乔布斯继承者自诩的互联网红人，在思考和做事方面，似乎处处都在模仿乔布斯。本文就从几个方面进行分析，罗永浩是如何打造自身形象，试图成为中国的乔布斯。

把产品变成狂热社群

乔布斯时代的苹果，网络上流传着一个词语，叫作"苹果狂热症"，形容的是那些苹果产品的追随者。这些"粉丝"对于苹果的产品究竟有多么"狂热"，看看以下场面就可以知道。

2010年6月的一天，iPhone4首发日，一位美国的消费者为了在第一时间得到最新款手机，几天前就在苹果专卖店前扎下帐篷，为的是第一个冲进卖场。这种场景在中国也屡见不鲜，为了买到iPad2，西单的苹果旗舰店外，排起了数百米长的队伍，很多人从前一天就开始排队，其中还包括众多"黄牛党"。他们买到平板电脑后，转头就加价卖出。对此，苹果中国不得不采取限购措施，每人凭借身份证才能买两台。有的学生为了买到最新款iPhone，甚至在网上喊出"卖肾换手机"，以至于iPhone系列手机在网上被称为"肾5""肾6"。

罗永浩也不简单。微博上，罗永浩有1600万"粉丝"，前些年锤子手机发布会，数千张门票挂在网上，只要几十分钟就告售罄。最疯狂时，门票可以被"黄牛"炒到3000元。罗永浩通过微博发了一条"我爱这个世界"，几分钟之内就获得了上万条转发，新品发布会网络直播播放量达到上千万，这个数字是这家网站直播春晚观看人数的4倍。即便在抖音"带货"过程中，仅做了几轮广告，就收获到数千万流量；接下来的几次直播中，流量虽然有下滑，但依然可以稳定在800万人左右，远超大多数播主。相反，和他同天做直播的格力电器董明珠，仅仅收获了430万的观看人数，足见罗永浩的人气不是一般的旺。

媒体上报道过一位36岁的IT男，正值罗永浩的锤子手机发布会当天，花五百块钱买到一张"黄牛票"为自己庆生，而他之所以如此钟爱罗永浩，是因为大学时代听罗永浩说过一些富有启发性的段子，随之变成了"粉丝"。

两位都是营销大师

苹果太火了，不过我们不禁要问，是什么原因使得这样一个充满竞争者的电子品牌脱颖而出，占领市场制高点呢？当然，最重要的原因，是苹果的产品好，消费者哪怕忍受高价也要购买，除此之外，也与乔布斯的营销策略密不可分。一个很好的佐证是，乔布斯去世之后，狂热的追随现象逐渐趋于冷却，乔布斯时代排着队、搭帐篷也要购买苹果产品的盛况不再出现。那么乔布斯的营销策略究竟有什么秘诀呢？

无疑，乔布斯的新产品发布会，是其中重要一环。那么，他是如何通过新产品发布会的形式，获取广大"粉丝"的青睐呢？

1984年1月，苹果以赞助美国超级橄榄球大赛的方式为其新产品麦考金电脑(Macintosh)做宣传。为此，苹果公司拍摄了一条广告，借助20世纪40年代风靡世界的乔治·奥威尔小说《1984》，告诉大家，小说中的情节之所以没有成为现实，是因为苹果电脑的出现。借助全美关注度颇高的美国橄榄球大赛和一部经典小说，苹果的新产品麦考金电脑收获了无数眼球。接下来，乔布斯进一步用演讲的方式向公众介绍产品。

那一次的新产品发布会上，乔布斯身穿深色套装，打着领结，当着2500多名观众，站在舞台中央，打开面前的一个纸盒子。这时，藏在里面的麦考金电脑突然说起话："大家好，能从包装里出来，真是不错。"这样的场景，一下让当时的人们欣喜若狂，现场一片沸腾。

借助配着鼠标的图形用户界面，麦考金电脑比当时市面上其他所有电脑都要简单易用，这使得该款电脑销量直线上升，成为电脑史上具有划时代意义的产品。

如果说以发布会的方式推广产品是乔布斯的原创，那罗永浩无疑是其当之无愧的追随者。不过，他模仿的对象不仅有乔布斯，还有前老板俞敏洪。早年，为了新东方的生源，俞敏洪和他的团队选择在各大高校，对怀抱梦想、准备出国的大学生开展校园讲座。要知道，中国大学校园并非都像清华和北大那样，经常会有名人开设讲座，介绍那些和书本中不一样的东西。当有一家商业机构愿意花钱租用场地做一场免费讲座的时候，终日沉闷于枯燥课堂生活的学生们趋之若鹜，这样的方式，收到了非常好的效果。

做过培训讲师的罗永浩深知，只要"粉丝"足够多，自然东西不愁卖。因此在创办老罗英语培训机构之后，同样走上了各大高校开讲座的路子，依靠之前积攒的人气、段子式的演讲风格，以及另类的"反鸡汤"成功学，他的讲座场场爆满。在受众看来，英语培训显然没有讲座中的插科打诨更有吸引力，因此罗永浩办英语培训班赚没赚钱不知道，但在转战手机研发之时，他的人气比之前更高，也拥有了更多"粉丝"。

乔布斯的演讲风格

自1984年的演讲一举成名之后，乔布斯就将苹果新产品发布当成了营销环节中重要一环，甚至在他创办皮克斯动画后，这种营销方式也没有改变。在执掌苹果的最后几年，乔布斯虽然精神大不如前，但依然会穿上带着鲜明个人色彩的高领T恤，搭配经典牛仔裤和休闲运动鞋，戴着圆形的眼镜为新产品做介绍。

演讲过程中，乔布斯面露笑容，打开身后大屏幕上的一张张幻灯片，在台上一边介绍产品，一边来回走动，以此成为舞台的焦点，带来一种教父般的感召力，很少有人不被这种魅力折服。

看似轻松的发布会，却不是乔布斯的随性而为，其中包含了各种精心设计。事实上，只要对比一下乔布斯和他的老对手比尔·盖茨用过的PPT，就能发现其中的不同。

比尔·盖茨演讲用的PPT，虽然逻辑严谨，数据突出，但图片风格却显得凌乱。而乔布斯选用的背景图，体现的是"禅"的简约和大方。文字的表述在形象面前显得苍白无力，因此，乔布斯PPT图片多、文字少。有人做过统计，每十张页面中文字最少的时候只有7个词。一次，乔布斯仅拿一支铅笔与新发布的MacBook作对比。

从演讲的内容来看，乔布斯的演讲打动人心。这同样包含着乔布斯的精心准备。有人曾经对乔布斯的语言风格做过分析，发现只要接受过小学教育，就可以听懂他的演讲，听懂演讲的人越多，产品就越不愁卖。对比其他品牌的CEO用高深的术语去描绘产品，乔布斯显然更能抓住消费者的心。

乔布斯也从来不搞流水账似的演讲，在一场庆祝iPhone销售突破400万台的庆祝会上，乔布斯并没有简单地说"经过苹果的努力，iPhone的销量已经达到几百万台"这样的事实性陈述，而是向观众提到了以下一些内容：如果用400万除以200天，那么苹果公司平均每天会卖掉两万部iPhone。因为乔布斯告诉观众的仅仅是销售总量，对普通观众来说这只是一个数字，但把这个总量分解到每一天时，干巴巴的数字一下就有了活力。

乔布斯经常在演讲中借用道具。在发布MacBook Air时，为了突出这款电脑的轻薄，乔布斯从牛皮纸袋中拿出了电脑，不需要过多的语言描述，观众就看到了新产品的优点。在苹果公司发布小型iPod nano时，乔布斯站在舞台中央问观众：你们知道牛仔裤的小口袋能派上什么用场？穿过牛仔裤的人都知道，右侧的大口袋里面有一个小口袋，不过大家印象里这个口袋仅作为装饰，没有实际用途。这时，乔布斯却从这个小口袋中，抽出一台mini iPod，告诉观众"for this"。伴随着观众惊呼声，iPod nano不久就变成了市场上最畅销的MP3播放器。

乔布斯的演讲中还包含了诸多演讲学的技巧，比如，喜欢用手势。为了加深观众对讲话内容的理解，乔布斯会不时地用手去比画，这样不仅可以帮助他理顺思路，还可以通过手势让大家看到一个满怀信心、作风严谨的领导人形象。

乔布斯还将"三原则"发挥到了极致。内行人都知道，戏剧中的三幕剧要比四幕剧更加凝聚人心，经典电影、书籍或者戏剧往往包含着三段式的叙事结构。法国著名作家大仲马写的《三个火枪手》中，主人公是三个，而不是五个。这种结构甚至连政治架构也无法摆脱，比如"三权分立"，而不是"五权分立"。所以，"三原则"成了世界上最为经典的结构，而这也是乔布斯演讲中最惯常使用的手法。

2007年苹果手机发布会，苹果公司事前做足了工夫，甚至向外界放风，要发布一款具有跨时代意义的全新产品。根据媒体以及IT爱好者的猜测，苹果手机将会横空出世。不过，这款手机长什么样子，又有什么新功能，这些问题要等到发布会召开之时才会有答案。所以，万众期待之下，这场发布会变得格外引人注目。

不过，当乔布斯站到舞台时却对媒体和观众说："今天的苹果发布会上，我们会推出三款产品。"这一下，观众变得丈二和尚摸不着头脑，之前的放风和实际的发布会为何完全不一样：之前说只发布一款产品，怎么现在变成了三款？就在大家不明就里时，乔布斯开始了他的表演：三款革命性的产品中，一款是可以触摸的宽屏iPod，一款是革命性的移动电话，还有一款是突破瓶颈的互联网通信设备。接着乔布斯又重复说了一遍："一款iPod，一款手机，还有一款上网装置；我再重复一遍，一款iPod，一款手机，还有一款上网装置，大家听明白了吗？"此时，乔布斯话锋一转："这不是三款不同的产品，而是一款产品，我们称之为iPhone手机。"听到这里，观众明白：iPhone手机将之前完全不搭界的3种产品整合到了一起，这种前所未有的手机，称为跨时代产品丝毫不过分。这时，人们无不欢呼雀跃。

可以说，在这场演讲中，乔布斯将抖包袱的手段用到了极致，而这个包袱，却是由戏剧中常用的"三"来构成的。

这样的案例在2008年的苹果全球开发者大会上同样展现得淋漓尽致。乔布斯拿出一张幻灯片，是一条三条腿的凳子，说目前苹果的产业链，包含了三大支柱：第一部分属于苹果电脑；第二部分是音乐，包括iPod和iTunes音乐管理器；第三部分是手机。

罗永浩的演讲风格

以工匠精神自诩的罗永浩，不管是在新手机发布会上，还是在"带货"直播中，展现在公众面前的，永远是一副历经沧桑的面容。这也难怪，十年前还可以看到的浓密头发，现在已经出现谢顶的趋势，用他自己的话说，是手机没做出来的那段时间，吃不下饭，睡不着觉，头发一把一把掉下来的结果。这种压力也被带到了直播现场中，手机发布会上，他的经典动作是一声又一声的长叹。

罗永浩的演讲显得非常随性，在"带货"直播中，表现虽然一次比一次好，但仍然可以看出他的心不在焉，念错字、搞错货品顺序是常有的事情，甚至还发生过供货方提醒罗永浩，原本安排的时间是5分钟，还没到怎么就换下一个产品的事情。罗永浩只能在慌乱中重新拿出货品，重新讲解一遍。在外界看来，罗永浩的直播甚至显得拖沓并且烦冗。在介绍一款叫作"极米投影仪"的产品过程中，罗永浩随口叫出"坚果投影仪"，"坚果"是其在打造"锤子"品牌之后创立的子品牌，工作人员指出错误之后，罗永浩才向"极米"表示了歉意，并希望对方原谅他的"老年痴呆"。

最大的"翻车"莫过于直播中报错价，可罗永浩却再三出现。一款洗洁精原价23.9元两瓶，可罗永浩展示的价格是9.9元两瓶；另一款小食品原价54元两盒，却被罗永浩念成54元三盒。虽然消费者到手的价格仍然以直播的为准，但却给自己带来了不少的麻烦。至少，按照罗永浩的说法，罗永浩会购买7.5万盒小食品补上这个口误带来的缺口。

为了演讲，精心准备

乔布斯演讲的魅力并非与生俱来，开一个发布会就让苹果产品大卖，依靠的是其追求完美和反复琢磨的品质，因为只有经过反复的练习，才能保证在演讲的过程中做到完美。

乔布斯会亲力亲为撰写幻灯片要点，并且和他的团队成员坐在一起，反复商量进行修改。每一页幻灯片，他改动的次数都会达到六七次，在此基础上，将这些内容，再做出三到四个版本，最后由妻子来决定选用哪一张。演讲的脚本也被乔布斯提前背诵，如果感觉哪个词不符合受众的喜好，就重新改动，重新演讲。为了一场2小时的演讲，乔布斯用于排练的时间最少要达到200小时。

有一次，苹果研发了一款软件iDVD，为了这款软件成功发布，乔布斯让他的产品工程师在发布会前的几周，不惜花费几百小时找到那些需要展示的图片、音乐和其他素材。

还有一次，为了灯光能够展现出新产品的特性，他在彩排现场向负责舞台灯光的工作人员大发雷霆，然后坐在台下足足有15分钟，接着对灯光师说，我们接着来。伴随着乔布斯的咆哮，灯光师战战兢兢地按照乔布斯的想法，不断调试。直到乔布斯说，"好，就是这样"，这位可怜的灯光师才终于松了一口气。

如果通过几场直播就认定罗永浩做事情不够认真，就错怪了他。事实上，罗永浩一直是以"偏执"和工匠精神自诩的，他甚至说过一句极其煽情的话，"我不在乎输赢，我就是认真"。

罗永浩做事情也有认真的一面，在做锤子手机时，他一直以产品经理的心态来要求自己。除了吃饭和睡觉，其余的时间，他都在公司参与研发，连以前参加的饭局，能推的都推了。他可以把自拍的180度翻转功能筛选出100多条文案，最终确定为"保留镜子里的你"。他也会为了九宫格的桌面解锁后可以出现抖动效果，三番五次地训斥工程师，直到效果满意为止。

做起"带货"直播后，罗永浩经常半夜一两点还和同事交流新想法，甚至还发明了一种分段睡眠，睡几小时以后起来工作，困了就再睡几十分钟，醒来接着干。在他发布的一系列短视频中，也描绘了为准备直播所做的努力。为了选到一款合适的臭豆腐，他的团队成员需要把二十几款备选品依次摆开，挨个品尝；为了选到合适的洗发水，他的长头发同事一个早上需要洗六遍头；为了争取到厂商的半价优惠，罗永浩分别与某著名火腿肠、某著名洗发水、某著名方便面商量价格，虽然被无情拒绝，但罗永浩要自己掏钱，为大家找"优惠"；甚至为了选到一款剃须刀，罗永浩不惜剃掉了保留多年的山羊胡。

为了扩大影响力，罗永浩还邀请一位同时起步，现已进入欧美高端手机市场的"一加手机"创始人刘作虎展开谈话。为此，老罗要求团队准备了几万字的资料，又亲自修改其中的文案和要点。

应对演讲突发状况

做过现场演讲的人谈到突发状况都会毛骨悚然。比如大屏幕突然黑屏，幻灯片不能切换，类似这样的突发状况，只能依靠精心准备才能尽量避免。一旦这样的问题出现，就考验着这演讲者的应变能力。

在一场语音输入功能发布会上，当罗永浩说出随机挑选的词语时，发现机器根本不听使唤，罗永浩不得不自嘲来化解尴尬。至于演讲过程中出现的电脑死机、图片切换错误等问题，就更是令这位创业者头疼不已。为了避免这些问题，罗永浩推出锤子手机时，一共准备了10台手机。

可这样的状况在乔布斯那里却极少出现，这是为什么呢？我们用Keynote软件的诞生作为注解。

绝大多数演讲者使用的工具是微软开发的PPT，在乔布斯看来，微软的PPT，不仅外观丑陋，稳定性也存在着争议，是一款粗糙残缺的软件，不能满足追求完美者的使用需求。

为此，他要求苹果公司开发出一款专用演讲软件。经过数年的研发，2001年，Keynote被用在了苹果的新产品发布会上。这款软件在功能性和完善性上超越了微软的PPT，以至于乔布斯在之后的演讲中，没有发生过一次系统崩溃。接着，这款软件被整合到苹果电脑中。

通过对两位营销大师特质的对比发现，罗永浩和乔布斯虽然在某些特质上有一定的相似性，但实际上，两位是完全不同的人，一位内心深处就是追求完美的"处女座"，另一位则是刻意模仿。当然，二位大师同样收获了不俗的业绩，那么他们的共通之处是什么呢？

收获"粉丝"来赚钱

有人做过研究，苹果拥趸在看到苹果产品时的大脑影像出现了宗教般的刺激感。甚至有人评论说，苹果专卖店就是一个举行宗教仪式的教堂，而乔布斯就是苹果信徒的教主：一旦商品上升到情感层面，即便价格再贵，消费者也愿意掏钱购买。

当那些富有启蒙意味的段子在公众间流传，人们突然发现，课本之外还有罗永浩这样的老师，充满了道德感召力，正直、热情、有勇气、有创造力，罗永浩就是生存在这片土地上的灯塔。这时，这位俯视着人们的人物说出的任何话语，都会被他的信徒追捧。

恐怕有一句名言可以解答这个问题，"人们会忘了你说过的话，忘记你做过的事情，但永远不会忘记你带给他们的感觉"。一个被称为"苹果教"的宗教就此诞生，乔布斯也因此成为名副其实的"乔帮主"，当他收获到这种明星般的追捧之时，苹果的产品热销，也就成为自然；而罗永浩也恰恰通过模仿他的偶像乔布斯，在"带货"直播中取得了不俗的成绩。

第六章

互动型经济
激活 O2O

2010年8月7日，TrailPay创始人及CEO Alex Rampell在"Why Online 2 Offline Commerce Is A Trillion Dollar Opportunity"一文中，首次提出了O2O这一概念。他认为O2O的关键是吸引线上用户到线下实体店中去消费，主要聚焦于本地生活服务领域。他以Groupon、OpenTable、Restaurant.com和SpaFinder为例，给出O2O商务的本质：在网上寻找消费者，然后将他们带到现实的商店中。它是支付模式和线下门店客流量的一种结合。其实，对消费者来说也是一种"发现"线下营销机制，实现线下购买的模式。到2020年，当O2O从上半场转入下半场，互动型经济成为意料之外情理之中的激活因子，推动着商业模式重构[①]。

① Alex Rampell. Why Online 2 Offline Commerce Is A Trillion Dollar Opportunity [J/OL]. TechCrunch, 2010-08-07[2020-07-15]. https://techcrunch.com.

从团购鼻祖 Groupon 到 O2O 概念的国内演绎

2008年11月，Groupon正式上线，2009年完成全美扩张。2010年4月，Groupon首次涉足海外业务，5月收购德国Citydeal网站，6月进入拉美市场，8月打开俄罗斯、日本市场，10月收购韩国团购网站Dealson，11月收购新加坡团购网站uBuyIBuy、菲律宾团购网站Beeconomic、中国台湾团购网站Atlaspost，进入澳大利亚和中国香港市场，同年果断拒绝Google提出的60亿美元收购要约。

2011年3月，Groupon与中国互联网巨头腾讯合作进军中国市场，仅用1年时间完成布局。11月5日正式在美国纳斯达克挂牌交易，从公司成立到上市，历时仅仅3年，开盘当日公司市值一度逼近180亿美元。

以上就是颠覆了全球资本市场的团购鼻祖Groupon从诞生到巅峰的发展脉络，快速的扩张模式、指数级的增长速度，刺激着无数人的神经。从来没有一家公司能够发展如此之快，但同时伴随着众多非议。

"互联网从来没有真正地弥合传统商业与网络之间的差距。

所以我们创立了Groupon。"Groupon前总裁罗伯·所罗门(Rob Solomon)如是说，以上言论暴露了其创业初衷。作为一家本地化电子商务团购网站，Groupon提供打折的商品和服务，将线下的商家和线上的消费者联系起来。这就是最典型的O2O模式——团购。

O2O Park自组织创始人张波提出O2O定义，认为O2O是移动互联网时代，人们在生活消费领域通过线上(虚拟世界)和线下(现实世界)互动而形成的一种新型商业模式[①]。简而言之，O2O就是生活消费领域中虚实互动的一种新型商业模式。

张波根据其多年参与和观察到的实例，提炼出4种O2O模式和O2O模式存在的两种基本的实施方式、路径：Online to Offline(从线上营销、交易到线下体验)和Offline to Online(从线下营销到线上完成交易)。在此基础上，衍生出另外两种实施方式和路径：Online to Offline to Online(线上营销到线下体验，再到线上交易)和Offline to Online to Offline(线下营销到线上交易，再到线下体验)。

模式一：Online to Offline

Online to Offline即先线上后线下，通常是第三方企业率先搭建一个线上平台作为用户流量入口，通过地推方式引入线下商家，用户和商家线上交易，用户实际消费体验在线下商家完成。该模式下，第三方平台是O2O运转的核心，没有平台就无法连接用户和商家，平台应当具有强大的引流能力和持续的用户黏性，同时平台应当为线下商家赋能，即通过平台为线下商家导流，提升用户消费体验，提高总体销售额，增强用户和商家的互动性。典型的Online to

---

① 张波. O2O移动互联网时代的商业革命 [M]. 北京：机械工业出版社，2013：7-10.

Offline模式多为本地生活服务性的平台，比如美团。

模式二：Offline to Online

Offline to Online即先线下后线上，企业自主搭建线下平台(全国连锁店面)，每个店面作为营销服务中心和用户体验中心，为用户提供体验服务的同时将线下流量导入自建线上商城，并且在线上完成交易。这种O2O模式要求企业具有足够多的线下实体店面数，而后自建网上商城，再实现线下实体店与线上网络商城同步运行，线上线下互动，形成交易闭环。采用这种O2O模式的多为实体企业，比如苏宁云商所构建的O2O平台生态系统。

模式三：Online to Offline to Online

Online to Offline to Online即先线上后线下再线上模式，该种模式在Online to Offline的基础上衍生，企业搭建起线上平台进行营销，积累大量用户，当用户规模积累到一定程度，再建立线下体验店，并将线上流量导入线下，让用户享受服务体验，然后再让用户到线上进行交易或消费。该模式下典型的代表是小米，小米诞生在线上，雷军通过线上"饥饿营销"方式让小米盛极一时，彼时的小米没有一家线下店。然而，随着商业变革，仅通过线上渠道已经无法最大限度满足消费者需求，线上线下结合成为趋势。为了降低门店运营成本，体验店模式成为布局者首选。所以，每当新机发布之际，小米会首先通过线上做营销，同时在门店陈列样机供消费者线下体验，体验感觉良好，再去线上购买完成交易，形成商业闭环。

模式四：Offline to Online to Offline

Offline to Online to Offline，即先线下后线上再线下模式，该模式是在Offline to Online的基础上衍生，通常是企业已经搭建起线下平台进行营销，再通过自建线上平台或者第三方线上平台导流，通过线上平台宣传、营销，引导消费者到线下进行消费体验。这种O2O模式中，所选择的第三方平台一般是现成的、具有影响力的商业平台，比如美团、微信等。现实中，大规模的连锁餐饮、美容、娱乐等企业采用这种模式的居多，海底捞就是其中的典型。根据海底捞2019年年报，截至2019年12月30日，海底捞在全球共有门店768家，线上布局通过PC端官网、移动App及第三方平台美团、大众点评、微信小程序、公众号等展开线上业务，还通过开展线上优惠活动，吸引消费者进入线下门店品尝美食促成交易。

死亡目录——那些失意的传统O2O

O2O概念传入中国后，在资本催化、媒体鼓吹之下掀起了一波创业浪潮，逐步渗透各个领域，包括餐饮、社区、美业、旅游、教育、汽车、房产、汽车售后市场。

李开复说："你如果不知道O2O，但至少知道团购，不过团购只是O2O的冰山一角，只是第一步。"随着Groupon火爆全球，2010年，团购兴起，引发众多网民追捧，迅速遍布全球。根据团购导航网站"团800"的统计数据，2011年中国有5058家团购网站，数量位居全球之首，以美团、大众点评、拉手、窝窝团等领衔的"千团大战"战火连绵不断。随着竞争加剧，有些平台最终成为炮灰，难逃倒闭、破产、并购的命运。2014年6月，团购网站锐减至176家，存活率为3.5%。时至今日，团购平台已经寥寥无几，仅有美团点评、聚划算、百度糯米、拉手网等"背靠大树"的平台得以存活，却难以再现往日的辉煌。

O2O的竞争核心是"烧钱"能力和整合资源的能力，这点在生活服务类O2O尤为突出。2015年10月24日，上门洗车O2O创业公司功夫洗车宣布关闭业务，这是继e洗车、赶集易洗车、云洗车等汽车服务O2O之后，又一家挫败的O2O平台。此后，倒闭潮迅速蔓延到了整个养车O2O领域。2016年4月5日凌晨，博湃养车在微信公众号上发布公告《认识这么久，第一次说再见》后，宣告破产。

2012年，中国有30多家打车软件，但到了2013年，只剩下滴滴和快的两家。2014年出行O2O领域补贴大战如火如荼，以滴滴、快的、优步为首的出行O2O继续攻城略地，在阿里、腾讯等互联网巨头的整合下，滴滴合并快的，后又收购优步中国，战火虽然渐渐散去，却留下亡者无数，考拉班车、爱拼车等当时较为火爆的平台，被迫谢幕。

鼎盛时期，以美甲、美发、美妆为代表的美业O2O有上千款应用，仅2015年，美容业O2O创业新项目即达到140个，同比增长150%，但不到一年时间里，大多数项目就沦为"炮灰"，这些倒闭的平台包括美丽专家、宝贝盒子、Show发、美姬等，嘟嘟美甲于2016年2月17日被58到家合并，至此，美业O2O仅有河狸家一家苦苦支撑。

2020年，中国在线教育用户数就达到2.96亿，市场规模达到2015亿元，这些光鲜的数字背后，隐藏着一些由于种种原因而倒下的企业。从2013年兴起至2016年死亡的在线教育公司超过了700家，其中大部分是仅创业一两年的新兴公司，包括老师来了、36号教室、轻舟网等业内知名企业。疯狂老师2016年获得最后一轮融资后就再无消息，苟延残喘两三年后，迎来了被迫下线的命运。

受疫情影响，出境旅游O2O第一股百程旅行网陨落，这是旅游O2O企业倒下的其中一例。在前几年，旅游类平台可谓风起云涌，层出不穷，仅旅游类的App就有上百家。随着阿里、腾讯、携程等巨头涉足，在强大资本冲击之下，一批旅游O2O企业最终未能免于倒闭宿命，其中包括骑驴驴、星悦汇、步旅网等企业。

上述各领域的O2O平台发展路径如出一辙，都是以补贴形式，低价营销，迅速获取大量用户，引导用户消费，以培养用户消费习惯。平台前期投入大量资金，烧钱、圈人、融资、再烧钱、再圈人、再融资，一环套一环发展。如果能形成良性循环，这个故事会讲得很圆满，然而现实是，平台一旦停止补贴，用户瞬间丧失了消费动力，卸载App，用户流失，估值下降，融资困难，故事无法继续。平台在后期无资金引入的情况下，最终耗光资金，宣布倒闭，这就是多数传统O2O平台的发展历程，华丽开场，黯然收场。

其实烧钱模式、低价补贴只能在短期内引起消费者注意，达到一定效果。如何能够抓住消费者的消费源动力和最根本的需求，才是O2O平台需要思考的问题；让消费者持续、有效地使用产品、享用服务，才是O2O平台得以长存的根本。O2O平台的发展不能一帆风顺，究其根源主要是以下两点：一是线上线下严重脱节，二是产品或服务同质化严重，无法满足消费者需求。

传统 O2O 线上线下严重脱节

O2O模式难以跑通的重要因素是线上线下严重脱节：线上交易很难通过文字、图片来判断商品、服务的质量，其他消费者的评价仅是作为参考的依据，在刷单现象层出不穷的情况下，消费者不能完全相信评价信息。

2018年滴滴顺风车事件就是典型的线上线下脱节的案例，司机经过线上审核符合入驻要求，但具体运营中却发生了恶性杀人事件。此外，服务过程中有时会发生线上定位到达目的地和实际到达地点不一致情况，也曾出现过线上接单司机和实际服务司机不符的情况。

再如购车O2O场景，存在以下脱节现象：一是线下4S店没有现车或型号不全；二是线上展示的是新车，而线下4S店销售的是展示车；三是全款支付转账慢导致无法线下提车；四是线上承诺礼品，线下不兑现或者兑现慢。

社区O2O线上线下脱节更为严重。平台公司无法掌握物业这一线下的关键资源。一方面，物业公司分布零散，各楼盘情况不一，行业资源难以整合；另一方面，多数情况下楼盘物业并非"终身制"，业主委员会有权要求更换服务方。另外，无利不起早，物业自顾不暇之际很难为互联网公司提供有效支持。

产品或服务同质化严重，无法满足消费者需求

无法着眼用户真正的痛点，仅限于追逐市场份额，这是传统O2O平台倒闭的重要原因。对于消费者来说，良好的用户体验才是

持续使用平台的关键，如果体验不佳或者很差，则难以复购。可以说，把握消费者的需求是一个商业模式成功的关键因素。O2O平台以烧钱补贴模式试图留住用户和商家，培养消费者习惯，却很少有平台注意消费者的消费体验，因此一旦停止补贴，用户就会流失，平台不得不继续投入更大的补贴额度，陷入恶性循环。

同质化产品多，优质内容少，比如教育类O2O的同质产品颇多，达到千家以上，但它们的最大问题是缺少优质的教育内容。很多平台都是简单地将线下的内容录制后放到线上，课程内容不吸引人，更无法与客户产生互动。旅游O2O平台产品重叠严重、竞争激烈，导致多家旅游O2O平台关闭。市场竞争格局下，新的创业者们面对业内巨头毫无招架之力，失去了竞争的资格。

"互动"是O2O的激活因子

如果把O2O分为上半场和下半场，上半场就是"圈地战"，下半场就是"圈人战"；上半场是"流量"思维，下半场则是"留人"思维。上半场玩家可以疯狂融资烧钱大打价格战，通过补贴吸引用户，不过这样的"玩法"难以触及用户内心，深度绑定客户，导致客户留存率低、转换率低；下半场面对的是具有一定消费能力、个性化需求的用户，谁能留住客户，谁就将占领战略制高点，而互动型经济则是激活O2O下半场的关键因子[①]。

----

① 水木然.深层认知——深层洞悉事物的商业规律 [M].北京：台海出版社，2020：41-48.

正式解析互动型经济激活O2O之前，我们先来看一组数据。

根据老虎证券数据显示，美团点评2019年收入达到967.4亿元，净利润22.39亿元，而其2018年的净利润为-1155亿元，由巨亏转为盈利，股票价格在2020年6月4日突破164港元，市值创历史新高，达到1200亿美元。2019年交易用户4.5亿，日活跃用户6985.86万。

根据阿里巴巴集团公布的2020财年Q1季报显示，口碑、饿了么组成的阿里本地生活服务平台季度应收账款达到61.8亿元，同比增长137%。2019年日活用户数1097.03万(不含支付宝端、淘宝端用户数)。

2020年5月7日，滴滴总裁柳青在接受CNBC采访时表示："滴滴的核心业务已经盈利或者说有些薄利了。"滴滴2019年用户数量超过4.5亿，活跃用户数量为9253万。

2019年9月1日，网约车平台嘀嗒出行上线五年，据官方表示，目前平台已拥有用户1.3亿，车主1500万，累计顺风车出行里程达230亿公里，已经实现盈利。

2020年5月6日，首汽约车CEO魏东发布全员内部信息，宣布继2019年7月首汽约车在上海和深圳率先实现盈利后，2020年4月，首汽约车实现了全国整体正毛利，多个城市进入盈利，公司有望在2020年第四季度实现EBITA为正。

根据老虎证券数据显示，携程网从2015年至2019年连续五年增长，营业总收入由109亿元增长至356.7亿元，增长3倍之多，2019年净利润达到70.11亿元。

通过以上数据，O2O在生活服务领域、出行领域和旅游领域较传统O2O有了质的变化，部分O2O平台已经在市场竞争中脱颖而出。

"撩拨"大众的消费需求，是互动型经济的通俗表达，更是互动型经济的现身说法。互动型经济的本质是互动，互动性增加趣味，撩动大众的消费需求进而产生商业交易。O2O并非简单的线上线下相结合，它连接的是用户和商家两端，互动型经济增强了用户和商家之间的互动性，激活了O2O，实现了商业模式重构。

2010年，微信、美团、小米相继成立，百度、阿里和腾讯分别掌握了互联网最重要的三个应用入口，成为三巨头，被业界称为BAT。网易则专注于网游，搜狐布局输入法、视频及网游，新浪推出新浪微博。该年被称为移动互联网元年。接下来的十年，流量主导一切，谁掌握流量，谁就成为霸主。流量成就了阿里巴巴、腾讯、抖音、美团、滴滴等巨头，不过近两年，流量获取的成本越来越高，各大平台用户增速放缓。腾讯拥有11亿用户，已经触碰到流量天花板，毕竟中国只有14亿人。

平台靠获取客户就能成功的时代已经远去，未来只有拥有深度挖掘客户需求能力的平台方能做强做大。传统的"流量"思维之下，平台思考的是如何拓展客户，如何把客户从1万裂变成10万乃至100万，而当下O2O平台很难再用这种"流量"思维开疆拓土，更重要的是以"留人"思维激活存量，"留人"思维之下平台思考的是如何满足用户需求，如何精细化运营，培养让用户"上瘾"的消费行为。

商家留住客户，和男人留住女人是一样的道理。男人追求女人，不是说每天嘘寒问暖，买买买，甜言蜜语，女人的心就被俘获。现代女性在爱情上都有自己的主见，她们不只满足于找一个各方面条件都合适的人，更重要的是，要找一个了解自己，真正走入自己内心的人。所以，男人想要征服女人，想要让女人不离不弃，其实最好的办法就是通过"抓心"，让她对你产生依赖感。

丰裕社会，消费者行为发生了重大变化，消费者需求越来越多样化，尤其是有闲一族，他们清楚自己想要什么样的商家，对产品或服务的了解程度比商家还甚。所以，如同男人读懂女人一样，商家同样需要读懂消费者，俘获消费者的心。传统O2O通过烧钱补贴方式吸引客户，不能留住客户的心。卑微的态度和服务只会让客户轻视，留住客户最好的办法就是成全他，成全他的最好办法就是满足他的需求，培养他的"上瘾"心理。所以，O2O平台想要留住消费者，需采用全新的方式来与消费者互动。

算法推送精准锁定用户需求

算法推送即平台通过算法改变信息的分发方式，由过去门户网站统一编辑的无差别分发模式，升级为基于大数据和人工智能技术进行内容推荐和精准推送的个性化分发模式。将这一模式做到极致的当属字节跳动，无论是旗下的今日头条还是抖音，都能够准确捕捉用户浏览、搜索、支付等操作的行为特征，当用户在浏览信息的时候平台会根据这些特征推送相关内容，精准锁定用户需求，使用户沉浸其中。平台通过算法对用户的消费习惯进行分析，越多的浏览、消费、支付喜好进入后台数据库，用户画像越清晰，新的内容推荐和广告推送便能更加匹配用户需求，做到精准定位、精准推送和精准营销。

新零售O2O领域的后来居上者盒马鲜生依托阿里巴巴，使用淘宝或支付宝进行账户注册，后台会跟踪用户的购买行为，做出个性化建议，为每个用户推送定制化的产品页面。饿了么等外卖平台会根据用户点外卖的频率、支付金额、下单店家，计算出用户想吃的外卖，每当打开界面就能看到吃过的或者喜欢的店面。美团会根据消费者的消费习惯或者浏览习惯，推送用户的需求产品页，实时更新后台算法数据，推送相关界面信息。

视频直播增加商家和用户之间的互动性

随着抖音、快手崛起，视频直播蔚然成风。图文形式的O2O，商家和用户之间的互动性较少，或者说互动性不够充分，仅仅通过聊天界面进行答疑解惑无法突破互动交流的界限。通过视频直播形式，商家可以在线上360度展示产品或者服务，用户还可以在直播中提问，主播在线答疑。

随着用户需求的提升，主播是否洞悉用户需求，如何把商家的产品或者服务的卖点推荐给用户很关键。O2O应越来越关注消费场景化，通过视频直播互动，增强用户信任感，聚集用户和"粉丝"；还可以通过视频直播提供体验式服务，比如品尝美食、体验购车、上门服务、体验式购买等，打通线上与线下资源，实现真正的O2O商业闭环。

数字化营销渠道亲密连接商家与客户

在数字技术的配合之下，消费景观由线上交易和线下商超交织而成，人们通过各种消费行为，凸显自己，寻找存在的意义，确定"人"本身的存在。消费者需求个性化凸显，消费者不再热衷于传统的大众商品，更加青睐能够读懂自己内心的商家。

商家对消费习惯进行深入的数字化管理、分析和挖掘，通过营销方式、客户消费、客户反馈等多个节点探寻用户的真实需求，为其提供个性化、多元化的服务。同时，商家掌握更多的数据以后，可以选择性地借助平台开展个性推荐以及精准营销，无形之中拉近了商家和用户之间的距离，加强了商家与用户之间的联系和互动，提高了用户的忠诚度，进而提高用户转化率和留存率，实现"留人"的目的。

互动型经济激活O2O的关键点，在于洞悉消费者心理，精准挖掘消费者的需求，增强商家和用户之间的互动关系，采用算法推送、视频直播、数字化营销等多种措施为用户提供优质个性化服务，最终留住用户。在消费市场由卖方市场转为买方市场的今天，"人"作为消费环节中的唯一决策者，互动的作用不言而喻。

随着移动互联网的发展，互动型经济将触达O2O的每个领域，激活O2O的作用将会越来越显著。

互联网巨头构建互动型生态系统

互联网开启了线上消费新时代，移动互联网扩大了线上消费的战果，也成为连接线上线下资源的关键纽带。随着线上流量红利效应递减，线上获取用户成本高企，各个领域对线上资源的竞争进入白热化，用户数量不再是互联网巨头独有的优势，线上单一场景无法持续锁定客户，唯有增加应用场景延长用户留存时间，提高复购率，才可能挤出消费者身上的每一滴"牛奶"。互联网巨头纷纷构建线上线下互动的生态系统，成为争夺用户的重要举措。

阿里巴巴的互动生态系统

2016年的10月13日，阿里云栖大会上，马云在演讲中第一次提出了新零售概念，他说："纯电商时代很快会结束，未来将没有电子商务这一说，只有新零售，也就是说线上线下和物流必须结合在一起，才能诞生真正的新零售。"6年之后的今天，阿里巴巴已经构建起线上线下互动的商业生态系统，就是阿里巴巴打造的新零售——以互联网技术打通线上网店和线下实体店，并与物流紧密结合在一起的一种零售模式。阿里巴巴的新零售业务通过运营系统数字化、门店技术、供应链系统、消费者洞察和移动生态系统，将线上及线下零售融合，为消费者提供一体化的购物体验。线上以淘宝、天猫为核心，支付宝为用户链接入口，商家和用户通过平台建立起社交关系，借助电商平台嵌套直播功能，强化社交购物壁垒，并在App页面给予消费者个性化购物推荐、丰富的商品和服务，以及独特的社交商业体验。通过消费者洞察技术，帮助传统零售商伙伴通过数字化运营，增加线上和线下消费场景来重构业务，提高销售效率。

新零售的布局中，盒马鲜生创造了线上和线下消费场景融合的新消费体验，利用实体店面作为线上订单的仓库，实现送货上门，同时又为消费者提供丰富且有趣的到店购物体验。同时，这家公司在家装领域积极探索新零售，投资了红星美凯龙和居然之家，并对320家门店进行了数字化改造，为企业的线下运营提供了数据可视化及分析服务。

本地生活领域以饿了么、口碑、飞猪渗透到用户吃、喝、玩、乐等方面。消费者可以通过饿了么、支付宝、淘宝和口碑App，实现在线下单购买正餐、零食、饮料、生鲜食品和日用品。此外，饿了么的即时配送网络蜂鸟即配与阿里巴巴的数字经济体实现了高度协同，给新零售业务(包括盒马的配送服务)以及阿里健康提供最后一公里的运力。飞猪通过数据技术帮助合作酒店识别具有良好信用状况的旅客，向其提供诸如零押金预订酒店、快捷退房和离店后自动付款等旅行优惠服务，以提升用户体验。

外源性新零售领域收编了拥有大润发和欧尚两大品牌的国内最大的超市连锁集团高鑫零售，在此之前投资了三江购物、银泰商业、联华超市。从阿里巴巴的线上自循环系统到线下零售布局，"到家""到店""新零售"三个线下场景相互融合，用户无法跳出任何一个场景。

阿里巴巴频繁布局线下，打造自有的O2O生态系统，一方面彰显阿里巴巴对线下零售的信心，另一方面是因为线上获客成本高昂，用户数量增长趋势逐渐放缓，线上流量效应递减，线上线下结合才是最终出路。电商与实体零售的结合是一个完整的商业交易闭环，电子商务出身的阿里巴巴拥有用户交易行为、习惯、爱好的大数据资源，具备无可比拟的规模优势，线上联合线下实体优质资源，二者相互补充，紧密结合，有利于强化阿里的生态系统，创造战略协同效应，并提高公司整体价值。其线上线下互动的生态系统依靠以下三点形成。

一是以电商为基点的商业生态格局。阿里巴巴一直占据电子商务第一把交椅，以电商为核心向外延伸，从B2B到C2C，从电商到新零售，形成了庞大的商业生态。支付宝将所有业务的线上购买和线下支付相结合，饿了么对接淘宝、天猫、盒马鲜生、大润发等商业体，"到家""到店""新零售"三者融合交互，爆发出强大的生态协同效应。

二是互联网金融生态圈。阿里巴巴充分利用自身的科技优势，导入线上流量，逐渐形成"消费场景—流量入口—电子支付—流量入口—消费场景"的自循环生态，电子支付是其中必不可少的一环，是线上线下消费场景的连接点，强化了用户黏性。用户在支付宝可以进入饿了么、飞猪、口碑等界面下单购物，对于线下新零售门店优先使用支付宝支付，并依靠技术优势抢占相关领域流量入口，逐步建立起线上线下互动生态系统的优势地位。

三是多点大数据融合共享。阿里巴巴生态系统内的所有数据可以实现共享，淘宝、天猫拥有最多的线上用户，饿了么、口碑、盒马鲜生适用于支付宝的所有应用场景，线上数据导流至线下门店，线下零售门店流量导入线上服务。多场景线上线下用户数据融合共享，精准把握用户需求，全场景收割红利。

腾讯的线上线下互动生态系统

腾讯是以社交娱乐为主的科技型企业，以微信为核心，不断深耕消费互联网领域，社交仅是其流量入口，多场景、高黏性的服务才是绑定用户产生价值的根本。腾讯从社交入手，以支付交易、丰富场景等多维度构建线上线下的互动商业帝国。

一是以社交软件抢占流量入口。腾讯生态系统最大的优势之一就是其社交属性，微信、QQ是腾讯线上的流量入口，目前国内用户数量最多、日活最高、使用时间最长的非微信莫属。张小龙在"2021微信公开课PRO"重头戏的"微信之夜"演讲中表示，每天有10.9亿用户打开微信，3.3亿用户进行了视频通话；有7.8亿用户进入朋友圈，1.2亿用户发表朋友圈。微信似乎已经成为人们生活的必需品，其强黏性有利于腾讯获取用户的所有行为数据，了解用户的真实需求。微信的开放平台策略和丰富的用户资源，通过友商合作的方式来打造生态系统，通过数字内容、线上及线下服务加强用户连接，保持高水平的用户活跃度，并以高效、便捷的一体化服务，延伸到不同的使用场景，增强用户黏性。

二是高频、便捷的支付业务。支付成为所有商业交易的闭环，微信支付晚于支付宝，但是因为用户的使用习惯，在日常消费交易中微信支付后来居上，微信支付对于腾讯构建O2O生态圈是一个流量入口。相比支付宝，微信支付更加快捷，无须跳出微信操作，转换页面即可使用，方便快捷的在线支付方式和安全完善的支付担保模式，增加了用户使用频率和留存时长。近些年随着市场竞争加剧，腾讯不断加码对线下商户的渗透，巩固在移动支付领域的领导地位，通过分期付款等多种支付方式，提高用户购买意愿及对商户的忠诚度。无论是线上消费还是线下交易，在线支付成为常态，高黏性、高频次的支付业务成为腾讯线上线下互动生态系统的黏合剂。

三是投资并购消费互联网产业，丰富应用场景。腾讯为强化和拓展其巨大流量和用户红利，通过投资并购，组成了其消费互联网版图，所投企业均与其核心业务相关，涉及个人衣、食、住、行、医等生活场景。随着本地生活流量变现成为新的市场增长点，腾讯投资了美团和大众点评，二者合并后腾讯持续为美团赋能，让其进入微信"九宫格"汲取流量红利。新零售是当前线上线下结合最好的应用场景，腾讯入股每日优鲜、永辉超市、家乐福、万达商业、步步高、海澜之家等企业，不断丰富其线下应用场景。为了弥补电商短板，腾讯先后投资了京东和拼多多，线上购物已经成为消费习惯，成为腾讯流量变现的绝佳方式之一，同时线上电商资源储备为开辟线下市场奠定了基础。

美团的线上线下互动生态系统

美团是国内最大的本地生活服务平台，其主要业务包括餐饮外卖、到店、酒店、旅游以及美团买菜、美团优选等新兴业务。从始至终美团都是一个O2O的践行者，团购是美团的初创业务，千团大战之后收购大众点评称霸本地生活领域。团购业务是商家入驻平台，平台引导用户到店消费，构建了一个线上线下互动业务闭环。外卖业务是消费者线上下单，商家出货，平台配送到家，也形成了线上线下业务闭环。外卖与团购的逻辑是反的，外卖是到家业务，团购是到店业务，两种业务方式截然不同。团购业务中美团仅仅是中间商，是连接消费者和商家的黏合剂，以一种比较"轻"的方式实现了线上和线下的互动。外卖业务中美团则是整个商业交易活动的参与者和服务商，重构了用户与商家、线上流量与线下品牌的关系。

美团拥有4.8亿用户、630万商家、400万外卖骑手，外卖业务方面美团早已超越饿了么，占据近7成市场份额，外卖业务上的成功又衍生到社区团购和新零售领域。美团优选是美团旗下的社区团购业务，采取"预购+自提"的模式，用户前一天下单预定购买的菜品，商家根据消费者下单统一备货并送达指定提货点。首先，社区团购是高频次消费业务，消费者容易产生路径依赖，形成用户黏性；其次，"预购+自提"模式解决了传统团购菜品高损耗、配送成本高的痛点，提高了盈利点。

为了满足消费者对生鲜果蔬、鲜花绿植等品类的即时性配送需求，2018年美团推出新零售品牌美团闪购，定位于30分钟到货的生活消费场景，凭借其庞大的外卖骑手资源建立企业的配送壁垒，成为其在新零售领域博弈的筹码，是其整个商业生态闭环的有效补充。

美团围绕吃、喝、玩、乐、行等生活服务高频次消费场景，到店业务从线上到线下，消费者在线上浏览选择，最终到店消费；到家业务是线上线下互动，线上下单，配送到家。无论是到店、到家还是新零售，都是线上线下互动的商业生态系统，其商业生态壁垒主要依靠以下几点。

一是本地生活协同效应优势。美团深耕本地生活领域十余年，涵盖餐饮、酒店、休闲娱乐、旅游、外卖、生鲜、新零售、共享出行等诸多生活场景，都是高频业务。单一场景毛利都不高甚至亏损，但是所有业务整体协同，共享配送和供应链，降低了边际成本，线上线下一体的规模化优势是其最大的竞争壁垒。

二是充足的近场配送能力。美团有400多万的外卖骑手，配送的业务范围已经覆盖全国2800多个市县，基于人工智能可以对配送难度、ETA、骑手能力进行精确评估，保证了灵活调动能力和配送效率。

三是完善的供应链体系。社区团购是美团布局的重点业务，其成败的因素之一是供应链体系，这也是能否产生盈利的关键点。美团具备生鲜等商品一站式供应能力，集采购、仓储、配送于一体，全国范围建立大仓向各网格仓输送，各地网格仓承载地方中转站功能，由网格仓向线下服务门店配送。

字节跳动的线上线下互动生态系统

字节跳动成立于2012年3月，是最早将人工智能应用于移动互联网场景的科技企业。目前字节跳动旗下12款产品包括今日头条、抖音短视频、抖音火山版、西瓜视频、懂车帝、GoGoKid英语、皮皮虾、飞书、番茄小说、Faceu激萌、轻颜相机和悟空问答，丰满的产品矩阵形成了众多流量入口，从用户角度出发，以技术算法主导探索用户感兴趣的领域，并根据用户浏览习惯、内容偏好、停留时长等多维度定义用户，贴上标签，主动推送，增强满足感，充分利用"个性化推荐"功能最大限度"压榨"用户的时间。至今，用户使用字节跳动系App的时长仅次于腾讯系。线上端字节跳动已经掌握充分话语权，线上变现方式业已成熟，并逐渐开始探索线下业务。

字节跳动通过自营或者投资并购等方式不断涉足线下领域，多元业务积累线下资源，为线上流量导流至线下做好储备。字节跳动从2017年开始经过一系列投资并购，于2020年开创了自有教育品牌大力教育，业务横跨Pre-k、K12、成人教育等多年龄段，涵盖多学科、多课程，软硬件均有探索，实现线上线下教育融合。2020年推出线下松果门诊，布局医疗行业，目的是成为集医疗、预防、健康管理等线上线下服务于一体的高端现代综合医疗机构。字节跳动先后在天使轮和A轮投资懒熊火锅，懒熊火锅是一家集火锅食材、生鲜食材、烤肉、啤酒、中餐半成品、成品等于一体的火锅、中餐连锁生鲜便利店。社区团购大战正酣之际，传言字节跳动也将加入战斗，虽然其公开发表声明否认，但是其商业化部成立了专门拓展本地生活业务的"本地直营业务中心"，围绕生活服务、文化旅游和餐饮等行业进行客户挖掘。随着抖音在部分地区上线团购功能，字节跳动加速布局本地生活服务的决心已经很明确。

阿里巴巴、腾讯、美团等互联网巨头已经建立起自有的线上线下互动的网络生态系统，形成一个闭环。字节跳动作为后来者，已经拥有6亿高黏性线上流量池，互联网广告收入仍然是其主要来源，线下是其短板。加速线下布局，实现线上线下有机融合，成为其业务的第二条增长曲线。

字节跳动建立起强大的护城河主要依靠以下三点。

一是优质、持续的内容生态平台。抖音平台签约MCN机构、网红，来保证优质内容的持续产出，也支持个人输出。抖音和今日头条注重用户社交和互动，热点话题和内容经过用户编辑转发形成二次发酵，形成了优质内容生态。

二是个性化的精准算法推送系统。内容分发的基础是充分掌握用户兴趣、行为偏好，并精准推送。字节跳动以个性化精准算法形成千人千面的内容推荐，让用户"上瘾"，内容和用户需求之间高效率匹配，增强了应用的趣味性和用户黏性。

三是UGC模式增强用户黏性。UGC即由用户生产视频内容，字节跳动系各类短视频和资讯平台注重用户参与度，强化以用户为中心的思想，使用户有强烈的归属感。用户可以自创内容也可以模仿他人的内容，有些用户既是内容生产者也是其他用户的"粉丝"，相互之间的互动可形成新的互动点，结成一个人际关系网，使得整个生态的关系牢固，更有黏性。平台的用户有个人也有商户，个人可以为商家"带货"，商家也可以上线自有商品，吸引线上"粉丝"群体到线下消费，线下消费后还可在平台发布视频内容，再次来到线上。"线上—线下—线上"模式成为一个良性循环，无形中维持着用户与平台的关系。

阿里巴巴具有电商大数据积累和抢占新零售市场的先发优势，腾讯的社交霸主地位不可撼动，美团是本地生活服务领域的深耕者，字节跳动系抖音和今日头条依靠优质内容的个性化推送算法，深度绑定用户。它们以己之长攻彼之短，纷纷依靠自身的优势，在移动互联网领域构建线上线下互动的生态系统。移动互联网时代线上和线下不可分割，唯有顺应融合大势方能在激烈的角逐中站稳脚跟。

天九老板云的项目路演O2O

天九共享集团O2O业务的发展路径，不同于传统互联网企业。传统互联网企业一般是从线上出发，达到一定规模之后开始拓展线下业务。天九共享集团却是从线下业务发端，逐步提升线上业务，最终形成线上、线下业务相结合的模式，而天九老板云就是这一路径的重要抓手。

天九共享集团成立于1991年，经过30年的发展，成为国内规模最大的项目发布、赋能平台。为了解决传统项目发布的线下举办展会、销售人员电话邀约这一模式带来的成本高企、成效不足等问题，公司着手将业务逐步转向线上，以激发投资者需求为目标，开发出天九老板云App。

与传统O2O企业经营的商品、服务等消费品种不同的是，天九老板云上发布的是投资项目。而项目投资，由于额度较大，需要投资人更加深入了解项目的细节，综合分析，做出判断，通过"互动"，则更加能够显示出优势。

第一，路演形式多样化。打开天九老板云，可以看到各类投资标的，从项目加盟到股权融资，从共享飞机到人脉结合，可谓种类繁多。不过，如何能够让投资人短时间之内判断出是否值得投资，却成为难点。天九老板云将网络直播引入路演，通过在线与项目创始人对话等形式，简洁明了地介绍项目优势。

第二，会员审核制保证针对性。加入天九老板云需要提交一系列的审核资料，最大限度保证会员群体的投资能力。经过数年的努力，该平台上聚集了百万企业家群体，成为国内最大的企业家交流平台。

第三，商业交友在线化。企业家通过天九老板云平台，可以发布各类资讯，与58同城、闲鱼等平台不同的是，天九平台上发布的信息是投资项目，通过在线发帖与平台上的其他企业家共享商机，完成"对接"，形成独特的圈层文化。

第四，商业思维学习在线化。公司经营如同逆水行舟，一旦懈怠就会被市场淘汰，因此，不断学习是每一个企业家的基本功。天九老板云聚合了商业思维、商业资讯等内容，每天都会精选互联网上的海量内容，向企业家精准推送。天九还会举办各类商业论坛，邀请国内知名的专家学者对各行业发表真知灼见，最终都会呈现在老板云客户端，使得老板云成为一个企业家进修的平台。

这种线上线下相结合的方式，使得天九共享集团近些年的业务规模不断扩大，通过不断挖掘企业家需求，帮助越来越多的企业家实现了他们的经营梦、投资梦，成为O2O模式下的一股新生力量。

互动型经济的探索

以互动型经济视角探索"互联网＋田园综合体"新模式

2017年中央一号文件首次提出"田园综合体"的概念，指出"支持有条件的乡村建设以农民合作社为主要载体、让农民充分参与和受益，集循环农业、创意农业、农事体验于一体的田园综合体，通过农业综合开发、农村综合改革转移支付等渠道开展试点示范"。田园综合体是集现代农业、休闲旅游、田园社区为一体的乡村综合发展模式，目的是通过旅游助力农业发展、促进三产融合。田园综合体成为城乡一体化发展的新支点、新载体和新引擎，是在国家大力倡导下，为振兴农村经济、建设美丽新乡村兴起的一种新的业态。

田园综合体模式

田园综合体的提出基于一种商业模式方法论，其出发点是主张以一种可以让企业参与、带有商业模式的顶层设计、城市元素与乡村结合、多方共建的"开发"方式，创新城乡发展，形成产业变革，带来社会发展，重塑中国乡村的田园小镇。

　　田园综合体的经济原理，就是以企业和地方合作的方式，在乡村社会进行大范围整体、综合的规划、开发和运营。

　　首先，企业承接农业。企业承接农业，可以避免实力弱小农户的短期导向行为，可以做中长期产业规划，以农业产业园区发展的方法提升农业产业，尤其是发展现代农业，形成当地社会的基础性产业。

　　其次，规划打造新兴驱动性产业——综合旅游业，也可称之为文旅产业，促进社会经济产生大的发展。

　　在基础产业和新兴驱动性产业发展起来后，当地的社会经济活动就会发生大的改变，可以开展人居环境建设，为原住民、新住民、游客等群体营造新型乡村、小镇，形成社区群落。所以也可以这样描述：田园综合体最终形成的是一个新的社会、新的社区。

　　综上，田园综合体就是"农业+文旅+社区"的综合发展模式。

　　基于企业化运作的特征和为了形成一种可提炼的模式考虑，田园综合体里的三个产业(农业、文旅、社区)应以如下思想作为指导原则。农业要做三件事，一是现代农业要建设生产型产业园+休闲农业+CSA(社区支持农业)；二是文旅产业要打造符合自然生态型的"旅游产品+度假产品"组合，组合中需要考虑功能配搭、规模配搭、空间配搭，此外还要具备丰富的文化生活内容，以多业态规划形成旅游度假目的地；三是社区建设，无论改建还是新建，都需要按照村落肌理打造，也就是说，即使是开发，也是开发一个"本来"的村子，并且更重要的是进行管理和服务，营造新社区。

田园综合体特征

以产业为基础：田园综合体以农业为基础性产业，企业承接农业，以农业产业园区发展的方法提升农业产业，尤其是现代农业，形成当地社会的基础性产业。

以文化为灵魂：田园综合体可以把当地世代形成的风土民情、乡规民约、民俗演艺等发掘出来，让人们体验农耕活动和乡村生活的苦乐与礼仪，还原村子原貌，开发一个"本来"的村子。

以体验为活力：将农业生产、农耕文化和农家生活变成商品出售，让城市居民身临其境体验农业、农事，满足愉悦身心的需求，形成新业态。

创新乡村消费：旅游业可作为驱动性的产业选择，带动乡村社会经济的发展，在一定程度上弥合城乡差距。而解决物质水平差距的办法，是创造城市人的乡村消费。

城乡互动：解决文化差异问题的有效途径是城乡互动。田园综合体正是一种实现城市与乡村互动的商业模式。城乡互动最直接的方法，就是在空间上把城市人和乡村人"搅合"在一起，在行为上让他们互相交织。文化得以弥合，才是人的城市化。①

田园综合体模式的痛点

运营方式传统，与互联网脱节

"互联网+农业"是农业经济发展潮流，农村的脱贫攻坚需要

---

① 一诺休闲农业规划 . 田园综合体是乡村振兴、实现乡村现代化和新型城镇化联动发展的一种新模式 [EB/OL]. 2019-02-14[2020-08-30].https://www.sohu.com/a/293798334_ 247689.

社会的带动，而这股力量需要"互联网+农业科技"的参与。互联网的下半场，消费场景不再局限于离线物理空间，还可以是虚拟空间。虽然田园综合体是在移动互联网浪潮下开始萌芽的，但是互联网技术的应用远未及预期，互联网仅仅成为一个宣传工具。田园综合体就是一个消费场景，既可以是线上也可以是线下，但是线上和线下却未能有机结合。

产业结构不合理，产业链延展性不足

田园综合体的发展潜力在于一、二、三产业的融合性、互动性，纵深的产业链条是振兴农村经济的物质基础，是田园综合体建设优劣的重要体现。纵观田园综合体失败案例，通病之一是产业结构不合理，产业链延展性不足，未能实现农业与科技、旅游、工业、体育、金融、文化、建筑等一、二、三产业的深度融合，乡村文创、农业创意、康养设计、循环农业、互动体验等知识密集型、技术创新型的高附加值新兴产业发展缓慢，总量占比较低，有的还处于起步阶段。

农业科技人才缺口严重，专业化水平有待提升

田园综合体发展的根本是农业，农业的发展需要专业化技术人才，但是田园综合体发展时间不长，农业技术体系不完备，相应的科学技术人才缺口严重，导致农产品专业化水平低。科技人才是现代农业生产的关键要素，是田园综合体发展的源动力。农产品是根，田园综合体是模式，农业专业化水平是田园产品质量的保障，是田园产业链条延伸的支撑，是田园产品销售渠道的基石，决定了田园综合体模式的发展下限。

农业科技人才缺口严重的主要原因，是田园综合体的发展模式

尚处于发展的初级阶段，多数地方政府给予农业技术和农业科技人才的支持政策不具吸引力。专业化水平有待提升，一是缺少农业科技人才，二是缺少资金支持。田园综合体前期投入大，开发周期长，"缺钱"成为制约农业科技发展的关键要素，没有足够的资金，具备差异化、个性化的农业产品技术无法应用，对田园综合体的产业融合作用有限，很难提高农产品的附加值。

市场渠道狭窄，营销观念滞后

市场渠道狭窄。以农户为主的田园综合体模式中，以分散种植、自行销售为主要模式，田园综合体的产品销售基本上依靠以传统农产品批发市场、集贸市场为主导的营销渠道体系，虽然二者在农产品销售中发挥了重要作用，但并不能有效解决产销环节中存在的小生产与大市场的矛盾。

营销观念滞后。田园综合体需要脱离固有的依靠个人主观判断导向的低水平营销运作，但是要树立农业大市场的整合营销观念，就需要资金、技术、信息等条件支持，而这些对处于发展初级阶段的田园综合体来说条件非常有限。资金掣肘、技术不济、信息不畅是摆在运营人员眼前的问题，没有足够的信息条件作为支撑，就不能全面掌握农业市场动向，不能有针对性地采取营销策略。

品牌意识淡薄

品牌是实现市场价值的有效载体，一个具有个性化、特色化的田园综合体品牌会形成连带效应，品牌可以带动第一产业农产品消费，提升第二产业农产品附加值，促进第三产业旅游观光发展。品牌是吸引消费者的一个标志，品牌价值远远高于产品本身。田园综合体的发展可以品牌化、IP化，但是很多运营主体对品牌认识比较浅显，不能从本质上认识品牌对于田园综合体发展的重要性，运营以产品为核心，忽略了品牌经营。

果玩探索"互联网＋田园综合体"新模式

果玩田园综合体是一家"梨文化产业园"，以生态农业科技为核心，集果树品种研发、培育与销售的田园综合体，开展新奇特果品供应、农业互联网资源共享平台搭建等多项业务。果玩以田园综合体为基底，以互联网技术为羽翼，形成第一、二、三产业有机互动，在合肥市蜀山区小庙镇打造了占地5100亩的集果树培育与种植、果树盆景培育、水果深加工与配送、种苗技术推广、立体化养殖、旅游休闲于一体的大型农业生态示范基地。

果玩田园综合体具有文化、科普、旅游观光、果树种植认养四大功能，园区以46种不同品种和生长百年的果树，形成以梨为主题的"梨文化产业园""梨乡民俗体验园""文化休闲园""文化娱乐园""文化野趣园"五大主题园。

最重要的是果玩田园综合体充分利用了互联网技术，通过互联网形成了以线下为主、线上为辅的双轮驱动发展模式。线上端建立了垂直于果树行业的"找果树"供应链综合服务平台，以及线上水果和加工产品销售渠道，并且在线开通了果树认养业务，客户远程即可体验种植果树的乐趣，享受收获水果的满足感。线下业务端则以游客采摘、游览为主，不仅园区增加了人情味，还提高了园区游客的留存率以及果品销售的渠道多样性。

果玩发展历程

2014年2月，创始人张德中放弃经营多年的汽车4S店生意，在合肥市蜀山区大柏社区签署项目用地，正式转型做果树种植、树苗育种，招募果树培育专家、高级园艺师及专业技术管理团队，引进金果梨树苗，打造以"梨"文化为主的水果元素田园综合体。

2015年，经过园区开工建设、人才招聘、果树种植、技术创新等一系列筹备，8月果玩田园综合体正式开园，并利用自建果园基地优势在合肥市开设果玩水果直营店。

经过一年尝试，因水果季节性差异较大，果玩基地水果不能满足四季水果供应，水果店经营效益不佳，遂放弃水果店运营，专注于果苗售卖和田园综合体运营。

2017年，公司采取两项举措，一是开展果树认养业务，顾客只需要交纳一定的养护费用，便可以为认养的果树定制专属"果树身份证"，享受认养一年内产下的所有果实；二是公司上线垂直果树领域的B2B平台——找果树网，打通了树苗的自有线上销售渠道。

2018年，果玩加入独角兽孵化平台——天九共享，以果玩田园综合体专业的果树苗木研发、种植、销售为立足点，精选新奇特果树品种，作为天九孵化的新农业项目，借助天九老板云的平台力量，整合全国企业家资源，将果玩这一农业品牌推向了全国，同年果苗销售数量突破1000万株。

2019年公司向全国复制果玩田园综合体模式，参加天九共享平台在全国各地举办的独角兽商机共享大会，和意向客户洽谈合作，并协助合作方案落地。12月，果玩田园综合体全国联营区域达到300家，落地联营基地150家。

2020年受到疫情冲击，全国拓展业务受限，继续夯实2019年全国拓展硕果，远程服务各地合作伙伴，协助田园管理，提供技术支持。与此同时，公司开启新一轮融资，并启动赴港上市计划。

果玩田园综合体的新花样

线下业务为线上提供支撑，线上业务带动线下发展

果玩运用互联网大数据，重新定义果树苗木销售，自建"找果树"供应链综合服务平台，实现果树苗木销售网络化、数据化、价格透明、供应链清晰。当供应链越来越长，跟踪和监测农产品的重要性也越来越强。果玩逐步建立推广农业物联网化种植，利用物联技术网实时监控果树及各类盆栽生长情况，实现环境监测。公司线上开通果树认养业务，无论消费者在何地都可以认养果树，为果树在线浇水、施肥，待到果树成熟即可收取果实。公司亦开通淘宝、京东、拼多多等第三方电商平台，不断提高产品的曝光度、品牌力。

随着产品知名度增加，逐渐转化为客户在线购买水果、认养果树，他们怀着一颗好奇心来到田园综合体，体验水果采摘和观光旅游。线上导流的线下成交额占整体业绩比重越来越高，尤其是果树认养服务，既能为消费者带来认养果树的乐趣，又能引导其在水果成熟时到田园综合体亲自采摘，提高了复购率，增强了用户黏性。

第一、二、三产业融合，延伸产业链

为了提高产业价值，果玩在第一产业基础之上辐射至农产品加工业，以及观光旅游、休闲采摘业，纵深的业务链提高了传统农业的附加值。

第一产业以水果和水果树苗为主，果玩开发了43大类水果品种，119类细分品种，年产1100万株果苗。

第二产业为水果深加工业务线。果玩田园综合体的果品除鲜食外，还加工成果脯、果汁、蜜饯、果酱、罐头、果酒、果醋等。

第三产业则是观光旅游、休闲采摘。果玩综合体打造水果元素的农业生态景区，集吃、住、行、游、购各类型项目景点和设施，建造了果玩"梨文化博览园""梨文化休闲园""梨文化娱乐园""梨文化民俗体验园"。

梨文化博览园内种植有上千棵百年老梨树，并运用农业科学技术嫁接56种不同梨子，象征中国的56个民族。

梨文化休闲园是以果玩命名风景观赏、游玩的休闲园区，建设四季花圃园、都市庭院果圃园、湿地公园、果玩景观湖、果玩天文台、休闲垂钓中心等主要景点。

梨文化娱乐园是亲子乐园，是园区娱乐项目，设有旅游娱乐设施、设备，为园区增添娱乐活动，增加了客户游览过程中的趣味性、娱乐性。

梨乡民俗体验园主要打造集生态田园印象餐厅、农耕田园体验园、农业采摘体验园为一体的体验园区。

以现代农业科技拓宽"护城河"

田园综合体中注重农业科技的案例似乎不多，果玩是其中一家，公司采用欧洲技术、标准和管理模式，引进欧洲品种进行改良，强化竞争壁垒。通过这些手段的综合应用，果玩目前拥有43大类、119个细分果树苗木品种，研发基地横跨黄河流域、江淮流域和长江流域，在不同气候带研发新品种，把新品种嫁接到老树上，提高果树经济价值。公司采用先进的培育技术，通过科学管理，跨区域种植。

果玩还积极引进安徽农业大学集装箱温室果树种植技术，一年四季在集装箱温室里种果树，配合草莓的工业化种植生产技术，每个集装箱种植5276株，45天采摘一次，年产达到9～10吨。另外，果玩还与国内各大农业院校、科研院所合作，共同研发种植培育果树新品种，合作的机构包括中国农科院、中国果树研究所、南方果树研究所、北方果树研究所等。

注重用户体验，增强用户黏性

果玩田园综合体注重游客线下体验，讲究游玩过程中的趣味性，比如在整个游览过程中增加削梨、吃梨比赛和梨王争霸等游戏，还举办水果采摘、果树认养、休闲垂钓等一系列丰富多彩的活动，让来到果玩田园综合体的人们都能够尽享田园的欢乐和收获的喜悦。线下体验反馈到线上，线上认养导流到线下，相互融合增强用户黏性。

规模效应提升品牌价值

公司在江苏、山东、安徽、浙江、广州等主要的苗木种植培育产区和销售省份建立了苗木种植基地和销售分公司，开展果树苗销售、种植指导等业务，整合全国果树苗木供应及销售资源，以期成为以果玩品牌为核心的国内大型果树苗交易商。面对激烈的竞争环境，果玩采取全国复制的方式形成规模，借助天九共享平台，整合全国企业家资源，解决了农业项目复制难、运营难等关键问题。目前果玩田园综合体已经陆续在全国落地，包括临沂、陵城、禹城、桂林、彭泽、贺州、梧州、张家港、全椒等上百个城市，规模效应凸显，品牌价值提升。

互动型经济视角分析果玩田园综合体模式

从互动型经济视角来看，果玩田园综合体主动出击，从产品出发，从用户体验着手，坚持做好产品、做好服务才是吸引客户、留住客户的根本。从选品上，果玩选择口感上佳、市面少见、新奇特的水果，打造产品吸引力，在田园综合体游玩过程的趣味性方面给予客户良好体验。如果将产品和服务依照客户对产品的使用程度划分为"有用""好用""爱用"三个层面，"有用"只是产品能够满足消费者的功能性需求，"好用"是在功能性需求上增强体验感，而"爱用"则更高一层，让消费者在情感层面情有独钟，到了爱的地步，没有它不行，这是将产品做到了最高境界。而果玩的产品和服务属于"好用"一档，产品好、服务佳，但是还没有引起消费者的情感共鸣和价值观认同。

果玩借助互联网手段实现了"互联网+田园综合体"，已经打通上下游产业链，形成第一、二、三产业融合。在上游果玩自主培植果树幼苗，全程管理果树嫁接、整形、修剪，向下游客户输送各类树苗。而且，公司果树品种丰富，一年四季皆有果实成熟，直接向B端批发商和C端客户销售。与此同时，果玩把金果梨等水果制成果酱、罐头、零食等加工产品，提高了产品附加值。借助果树种植基地的优势，开展田园观光旅游和农田采摘项目，既能增加收益又能宣传产品。一片土地、一个田园综合体，经过多次开发，提高了土地单位价值，实现了产业规模化、三产融合化、旅游乡村化的田园综合体模式。但是，果玩田园综合体的第一、二、三产业发展不够均衡，果玩以果树、水果为主产品，盈利主要来源于产品售卖，但是单位价格低、效益少。第二产业水果深加工尚未实现规模化，难以成为盈利增长点。以果树认养、采摘、旅游等为副产品的第三产业有淡旺季之分，而观光旅游直接面向C端客户群体，且局限于田园综合体周边城市，向外辐射半径短，大规模持续盈利困难。

果玩近些年开始了规模化扩张方式，在全国范围内复制"MINI果玩"田园综合体，但是田园综合体的发展具有独特性、个性化，全国范围内大规模复制是否能够带来正向效果有待进一步考证。田园综合体的标准化、流程化比较困难，落地周期长，短则一年，长则数年，加之全国各地区的政策差异较大，能否顺利落地需要跟踪观察。

总体来看，果玩以"互联网+田园综合体"的模式实现了两个互动。一是农业、工业、服务业三产融合互动，但形合神不合，第一、二、三产业发展失衡，尚未形成合力。二是借助互联网实现线上和线下互动，采用互动的手段以田园综合体一种场景连接了B端和C端两种不同客户群体。针对B端和C端客户，果玩提供了"好用"的产品和服务，但并不是非它不可，尤其是针对用户对产品的情感需求和人性需求仍要进一步摸索。

以互动型经济重塑养殖产业新业态的探索

共享养殖模式以认养农业为代表，伴随共享经济之风兴起。移动互联网、物联网、大数据和人工智能的发展为共享养殖提供了基本的技术条件，"有闲一族"的高品质个性化需求是其诞生的内在机理，基础技术条件和消费升级，要求传统农业模式在互联网时代的冲击下必须实现新的突破，O2O形态的共享养殖模式作为新物种应运而生。"共享养殖"的模式悄然兴起并非偶然，是经济发展到一定阶段的必然产物。

"共享养殖"遇上互动型经济，腾飞在即

首先，共享经济代表性O2O商业模式蔚然成风。

"共享"乃分享之意，是将物品、信息的使用权、知情权等与他人共同拥有。随着经济的发展变革、技术的更新迭代、思想的包容开放，共享商业模式逐渐渗透到我们的生活。

"共享"最初是朋友和家人之间的一种交换形式，而如今将"共享"作为商业模式的公司在全世界创造了很大价值。在"大众创业、万众创新"背景下，共享经济作为一种新兴的商业模式，正在向社会的各个方面渗透。共享经济提供了一种关于商业模式、交换经济、价值分享和社区网络的新思想。一般而言，共享经济所涉及的经济活动和模式是经过授权获得的，而不是拥有货物的所有权；支持分散型网络，而不是集中式网络，并利用其回收财富。共享经济充分盘活了闲置资产，创造了新的市场空间。在此过程中，其商业经济模式也对传统的商业和法规发出了许多挑战。另外，移动互联网技术日趋成熟灵活，以及各类社交平台的出现，为共享经济商业模式提供了发展的温床，同时促进了线上线下商业机会的结合。

共享经济已经渗透到各个行业，涉及我们生活的方方面面。共享经济商业模式已经被验证成熟，尤其是O2O形态的共享商业模式在国内生根发芽，成长为参天大树。O2O模式正是一种以线上平台为窗口，吸引消费者并把消费者带到线下实体店享受服务的新型电子商务模式，所以这也为O2O模式的进一步发展提供了更便利、

更广阔的市场。近年来，愈来愈多的企业通过O2O建立了共享经济商业模式，诞生了不少商品和消费者之间的媒介，如滴滴出行。供求双方通过这些媒介平台实现对接并达成交易，实现资源的重新分配，平台也在提供这些服务的同时，以用户信息为基础，建立互联网信用体系和社交网络，融入用户的本地生活移动化服务。

其次，互动型经济激活O2O，共享养殖潜力无限。

如前章所述，互动就是要抓住人性，互动就是要满足消费者的欲望，互动更是要契合具有一定消费能力和个性化需求的用户，线上线下相结合，线上吸引，线下满足需求。共享养殖模式正是这样一种O2O商业模式，共享养殖平台线上连接用户和养殖场，线下赋能养殖场，通过物流配送触达客户，如图7-1所示。共享养殖无须喂养一只动物即拥有上万头猪、牛、羊、鸡的售卖权。

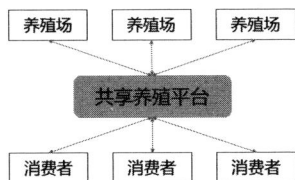

图7-1　共享养殖模式

图片来源：天九研究院。

目前养殖行业还是以传统模式为主，共享养殖模式方兴未艾。滴滴没有一辆车，却整合了出租车市场；淘宝没有一件货，却整合了整个零售业；银联没有一家银行，却整合了全部银行。养殖行业是一个亟须整合的行业，智慧养殖、物联网已经从技术层面解决了共享养殖的客观条件难题，正如互动型经济是O2O下半场的激活因子，同样也是整合共享养殖行业的一把尖刀。

家禽养殖行业痛点

中国作为人口大国，对家禽肉类的巨大需求催生养殖产业的发展，尤其是养鸡业。目前中国养鸡场数量居世界第一，品种也最齐全，这是我们引以为傲之处。但是鸡场规模大小不一，上至几百万只，下至几千只，参差不齐。规模制约了鸡场的养殖条件和深加工能力。虽然很多养鸡场已经实现了全封闭、负压通风、自动给料、封闭给水、全进全出、低碳环境和音乐环境的现代化养殖，但是仍存在诸多痛点。

第一，养殖方式不科学，鸡肉、鸡蛋营养价值缺失。

众所周知，规模化养殖场家禽出栏周期仅为39～45日，养殖过程中通过长时间光照、催生素喂养等技术手段缩短其生长周期，甚至有些不良商家为了让鸡快速成长，给鸡打激素，导致鸡生长不良，鸡肉口感与味道不佳，丝毫没有营养价值可言。

第二，产销信息不对称。

规模化养殖企业可以和下游加工厂建立持久的合作关系，保证销售顺畅，而规模不大的养殖场则面临着销售难题。下游厂商为了降低成本，要求采购规模化，很多较小规模的养鸡场难以达到要求，而想要规模化养殖，前期投入过高。

第三，消费者很难买到质优价廉的正宗土鸡。

正宗土鸡由养殖场销售至加工厂，加工厂销售给大型商超，商超再售卖给消费者，中间经过了两道环节。有时养殖场需要从农户手中购买，再经过两道环节到达消费者手中。这样造成两个问题：一是养殖场养殖的土鸡并不一定是通过自然养殖而成，二是经过两三道环节，中间商势必层层加价，到消费者手中价格高昂。消费者花了高价钱又买不到正宗的土鸡，当然不满意。

惠商在线的诞生和发展历程

基础技术条件和消费升级需求促使传统农业在互联网时代的冲击下必须实现新突破，O2O形态的共享养殖模式作为新物种应运而生。认养模式以认养平台为载体，上游连接养殖场，下游精准锁定消费者，以多对多的形式连接供给方和消费者。消费者只要预付家禽养殖费用，养殖场就为消费者定向养殖家禽，提供自然生长的正宗家禽。认养模式在养殖者和消费者之间建立起一种风险共担、收益共享的生产方式，实现了农村对城市、土地对餐桌的直接触达。惠商在线即是家禽共享养殖领域以互动型经济重塑养殖新业态的探索者。

2015年惠商在线诞生

惠商在线平台成立于2015年10月，是一家创新型互联网公司，以技术手段、营销策略为抓手，为受到互联网冲击的实体店赋能，充分利用互联网的传播、管理、营销、交易等功能，快速、有效、精准打通实体经济和互联网之间的通路，撬动市场，激活存量。惠商在线致力于打造互联网创业创新研发平台，促进实体经济与互联网的有效融合与有序发展。

2017—2018年全国招商、App上线

2017年公司为了拓展业务，快速跑马圈地，招募商业精英作为各大区招商负责人。2017年6月2日惠商在线启动招商，仅用6个月时间，就在湖南省122个县区组建了运营团队，相继攻克江西、广东、北京、浙江等省市。2017年至2018年一共招募了200多个县级区

域合作商。2018年完成App自主研发，并获得国家版权局颁发的版权证书，App一经上线，商户入驻五万家，用户突破百万。

2019年聚焦土鸡养殖，认养模式初步形成

2019年团队到贡溪土鸡养殖区域实地考察，经过大量市场调研，集团内部多次讨论，"惠商在线+家禽认养"商业模式就此诞生。家禽认养聚焦于土鸡养殖领域，通过搭建互联网娱乐+共享养鸡平台，采用互联网娱乐、社交、游戏的方式与生态林下养鸡相连接。消费者在线娱乐、互动、社交、游戏的同时，还可以在线认养贡溪土鸡，只要在线支付费用或者使用惠商在线的消费积分，就可以在线玩养鸡游戏、远程观察所认养土鸡的生长过程，做到让每只土鸡都能扫码溯源。

2020年与天九共享集团合作联营模式初显成效

2019年年末，惠商在线与天九集团达成合作意向，天九集团负责招募联营企业家，对接有资金、适宜饲养土鸡的合伙人，由惠商在线提供落地服务。2020年5月，"鸡玩项目"通过天九平台线上发布，三场发布会签约上百家联营合作伙伴，3个月的时间实现联营落地40多个。

截至2020年8月底，公司已建立合作县区级运营中心278个，在线注册用户达到496万，合作商家6327家，上架产品超过11万款，认养土鸡套餐近12万套。目前，公司开发19个共享型养殖场，成立贡溪鸡苗孵化基地，年供应土鸡达2000万羽以上。

惠商在线发展历程见表7-1。

表7-1　惠商在线发展历程

时间	具体事件
2015年	公司成立，确定发展战略规划和商业模式
2016年	成立惠商培训学院，启动研发App
2017年	启动区域招商，招商管理系统上线，项目得到湖南卫视等多个频道报道
2018年	完成区域招商，招募了200多个县级区域合作商；完成App自主研发，并获得国家版权局颁发的版权证
2019年	在新晃县建立年孵化2000万羽的贡溪土鸡孵化基地，合作签约19个共享养鸡场；项目通过天九集团股权合作评审
2020年	天九共享平台项目发布，三场发布会签约上百家，落地40多个区域

资料来源：惠商在线，天九研究院。

惠商在线探索共享养殖模式

惠商在线"乐享鸡玩"项目通过搭建共享养鸡交易平台，整合上游共享养鸡场，链接下游终端消费者，实现供需两端的有机对接，实现双向共享收益。通过在线精准营销策略，将养鸡娱乐化，形成庞大客群需求，同时提供鸡苗和养殖技术支持，整合线下鸡场，扩大货源供应，形成良性商业闭环，获得销售盈利。

惠商在线商业模式如图7-2所示。

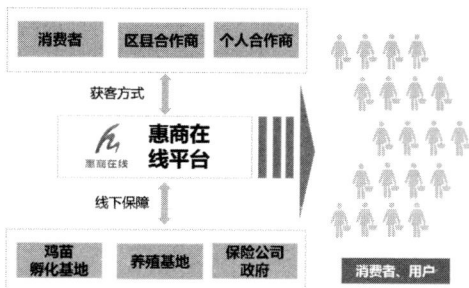

图7-2　惠商在线商业模式

图片来源：惠商在线、天九研究院。

帮助实体商家赋能，形成用户大数据

针对实体商家生意难做的行业痛点，惠商在线采用共享工具、共享流量、共享利润等方式，为实体商家提供赋能平台。惠商平台具有广告推送、在线营销、直播等功能，帮助实体商家提升业绩、降低经营成本、实现资源跨界变现。实体商家使用惠商在线平台，通过娱乐、游戏、社交等方式引导用户消费；平台经过交易积累，形成用户大数据，进而有针对性地帮助商家解决经营瓶颈。

线上线下联动形成良性循环

商品由惠商在线直供，质优价廉，采用限时抢购、低价特惠、秒杀、购物积分、商品保险等促销手段，满足消费者需求。平台设计的求表白购物、酷跑夺奖、全民养鸡、添加好友、发红包、建群、发朋友圈等娱乐、社交功能，为用户提供了良好的购物体验。公司为线下商家提供保险购买、酒店预订、银行信用卡等第三方服务，采用分销系统帮助线下商家提升业绩和资源变现。惠商在线平台作为客户和商家的纽带，线上线下互动形成了良性循环。

社交电商平台聚焦土鸡养殖商业模式

惠商在线的商业逻辑是：通过在线营销精准获客，将土鸡认养娱乐化，以供应鸡苗、提供养殖技术、整合养鸡场、扩大货源供应，形成商业闭环，获得销售盈利。公司聚焦土鸡和土鸡蛋等刚性需求产品，目标是塑造全国土鸡知名品牌。

传统养殖模式和惠商在线养殖模式对比

品牌对比

传统养殖模式需要从其他养殖场引进鸡苗且品种单一，惠商在

线在湖南省新晃县建立了年孵化能力2000万羽的贡溪土鸡种苗基地，该品种是新晃县原生态地理标志性农产品，由养殖大户蒲学慧培育而成。蒲学慧从事养鸡业近10年，当地人称"土鸡哥"，经其推广，贡溪土鸡的品牌知名度得以提升，相对于其他土鸡品种具有一定议价能力。

投资回报对比

传统养殖模式前期需要高额投入，包括建设养殖场、采购鸡苗、储备饲料、养殖防疫等，加之规模化养殖的销售难题，缺少专业技术团队支持，难以与保险公司建立深度合作等行业痼疾，投资风险高。惠商在线采用订单式生产，平台将订单分配到共享养殖场进行养殖，共享养鸡场负责日常管理、场地供应，平台负责供应种苗、饲料、订单。目前，平台设立远程5G指挥中心，对养殖场派出专业技术团队指导。公司还与保险公司建立合作，引入保险机制，转嫁瘟疫、自然灾害等带来的风险。通过上述措施，惠商在线首先解决了产品销售问题，其次解决了养殖户资金投入问题，进而降低了养鸡场的运营风险。

品质对比

传统养鸡场缺乏优质种苗，为了降低产品价格，产品大都是速成鸡、激素鸡，品质难以保障。惠商在线以贡溪土鸡为种鸡苗，以山间林地散养为饲养模式，以纯谷物为饲料，以长达365天的长周期饲养，肉质细嫩、味美，品质有保障。

以吸引力法则与用户互动

产品与用户息息相关，产品的最终目标是满足客户需求，用户的规模决定了平台的规模与盈利水平。如果将产品和用户的关系类比为恋人，那么，产品对用户的吸引力成为两者能否终成眷属的关键。当流量红利消失，获客成本持续上升，提升运营能力，提高用户黏性就显得尤为重要。惠商在线深谙用户黏性的重要性，通过不断摸索、在线测试，惠商在线对用户采用了吸引力法则。

扫码溯源、远程监测建立消费信任

认养模式能够成功，最重要的前提是用户埋单，埋单的前提是信任。认养模式是线上线下相结合的O2O模式，消费者在线发起委托养殖需求，平台在接到订单后将用户需求分配到共享养殖场。消费者下单后即可在线为认养的鸡取名，养鸡场则在鸡腿上打上二维码，消费者可查证二维码进行溯源。养鸡场设置24小时实时监控，并链接到惠商在线App终端，消费者可以通过App随时查看自己认养的土鸡的成长过程。同样，有条件的消费者还可以现场监看其认养的土鸡。公司通过二维码溯源、App实时监测等手段解决了消费信任难题，打破了用户的首道心理防线。

场景工具趣味化提高黏性

认养土鸡属于单一消费场景，对消费者而言下单之后就没有联系了，只需要等着收货即可，买卖双方交互量小、互动频次低。惠商在线为了留住用户，在App上设置了全面夺宝、酷跑、打地鼠等多个小游戏，增加了平台趣味性。公司举办"云养鸡"活动，用户可以在线上"饲养"自己认养的土鸡，给自己的鸡或者好友的鸡喂水，以喂饲料的方式获取能量，使用能量可以在线"吃鸡"，"吃"到的鸡或鸡蛋，公司免费包邮送给消费者。公司还增加了线上好友之间的互动，在线捡鸡蛋、偷鸡、斗鸡等激发人性的小设计增加了消费者的兴趣。线上"云养鸡"方式满足了城市消费者渴望在现实中养鸡的心理，突破了用户信息单向传送的壁垒，增强了互动性。

优质贡溪土鸡和土鸡蛋是锁定用户的关键

惠商在线精心挑选贡溪土鸡的成鸡和土鸡蛋，作为公司的主打产品。贡溪土鸡由养殖户在山间林地散养，不使用激素等手段催生土鸡；成鸡长到6个月时开始产蛋，饲养周期满365天屠宰加工，口感鲜美，富有嚼劲，是真正通过传统方法饲养的土鸡。

惠商在线项目总结

认养养殖模式无论是认养鸡、鸭、鹅等家禽，还是认养牛、羊、猪等家畜，对用户而言，最大的好处是能够购买到优质产品。因为贡溪土鸡是由农户饲养且一站到家，减少了中间流转环节，产品价格合理。认养模式下用户提前支付定金和全款，农户可以根据需求定量养殖，不会担心因为需求量少于饲养量而卖不出去，也不用担心数量太少无法满足消费者需求。

惠商在线搭建互联网平台，消费者线上下单，农户线下认养，根据约定好的时间，通过冷链物流方式送达消费者手中。这种认养模式既解决了前端销售难题，又打通了后端优质贡溪土鸡的供给问题，深度锁定客户的同时又紧密连接养殖户。惠商在线的商业模式之所以行得通，主要在于以下几点。

一是对客户群体的精准定位。惠商在线描述的客户画像如下：第一，生活在城市，渴望吃到正宗土鸡蛋和土鸡肉的高端消费者；第二，喜欢养殖、娱乐、社交、游戏的人群；第三，以土鸡蛋送礼或者通过在线养鸡进行实物销售的人群。

二是产品优质。惠商在线选择了优质贡溪土鸡作为卖点，贡溪土鸡吃起来口感好，营养价值高，而且已经成为湖南省区域内的知名土鸡品牌，具有广泛的用户基础。

三是锁定用户方式巧妙。惠商在线采用单一场景下游戏互动作为辅助促销方式，以奖励活动吸引客户，提高了客户黏性和留存率。

四是O2O运作模式。惠商在线的O2O商业模式，线上连接消费者，线下连接养殖场、商户，以线上的养殖虚拟游戏与线下养殖相结合，有效地将农村与城市、土地与餐桌进行链接。

以上四点完全契合互动型经济的精髓。客户不是强求而来的，强求来的也无法留存，最终只会成为"僵尸粉"。客户是吸引来的，吸引的前提是产品本身很有魅力，优质贡溪土鸡和土鸡蛋是吸引用户的根本。惠商在线洞悉消费者心理，精准挖掘消费者的需求，增强商家和用户之间的互动性，采用二维码溯源、视频监控等方式打消消费者的顾虑，采用游戏互动、云养殖、消费积分、红包等方式强化吸引力。消费者个性需求是认养模式诞生的前提，而留住客户，则靠的是优质产品和多种多样的互动方式，形成持久的吸引力。

惠商在线在共享养殖模式上的探索可圈可点，但仍然面临诸多困境。首先，贡溪土鸡对养殖环境的要求比较高，土鸡养殖需要适宜的自然林地、无污染的水源，为避免感染禽流感，需要远离其他养殖场，苛刻的养殖环境决定了养殖规模的上限。其次，冷链运输是短板，家禽肉类需要冷链寄送，成本高，较长时间的运输也会导致产品口感下降。最后，惠商在线的养殖基地数量有限，全国范围内共享养殖土鸡模式已经不少，面临激烈的竞争，能否持续建立护城河，保证市场占有率，有待进一步观察。

秀美甲美业新格局与互动型经济

有一种说法，世界上只有女人的钱好赚。其中的原因，一方面是由于家庭中，女性往往掌握着财政大权，另一个更重要的原因，是女性相比于男性较为感性，容易冲动，受到外在因素的影响比较大，因此，只要花点心思，女性自然愿意掏钱。在这种特质下，有一家名为秀美甲的女性消费品牌，就充分发掘并运用了互动型经济的精髓，将一家家看似平淡无奇的美甲店，做到风生水起。下面就通过美甲行业的现状以及秀美甲的发展历程，来看看它是如何做到的。

美甲行业综述

秀美甲所处的美甲业，类似于我们看到的美容、美发业，特点是行业集中度极低且品牌化进程缓慢。从市场规模来看，根据艾瑞咨询、中国产业信息网等机构的数据显示，截至2017年，中国美甲行业的市场规模达到1200亿，单纯经营美甲的门店有30余万家，结合美肤等美业项目的美甲综合店超过1000万家，从业人数超过260万，并且还在以每年30%的增速高速增长。目前，中国仅有不到20%的适龄女性经常光顾美甲店，这一数字在比较成熟的欧美市场达到了60%，而且伴随着新一代年轻人开始重视个性化表达，相比欧美国家来说，中国的美甲行业依然有着广阔的市场增长空间。不过，同样根据数据统计，美甲店的新开店率和关店率都超过了30%，至今，还没有一个品牌能够占据超过1%的市场份额，超过50家门店的品牌只占到整体市场的0.1%，连锁企业仅为2%。这些数据显示出，美甲行业的布局分散，淘汰率极高。而造成这些问题的根源在于以下几方面。

首先，是标准化难以实现。消费者往往看重的是美甲师的手艺和熟人之间的信任，至于品牌化或者标准化的服务，则往往会放在比较次要的位置，这些因素，使得美甲行业的标准化很难进行。

其次，是人员管理的成本巨大。相比其他成熟行业，美甲行业的特点是毛利率极高。美甲的主要原材料是甲油胶，不过用量却极少，一瓶15ml的甲油胶至少可以为30人提供服务，能够产生五六千元的现金收益。而这种原材料的进货价格，却仅有几十元钱。甚至有一种说法，美甲行业里的耗材成本可以忽略不计。所以，一般的美甲店的毛利润可以达到90%以上，即便是一些规模较大、较为成熟的美甲品牌，毛利率也可以高达80%以上。不过，这些仅仅是表象，除去耗材，美甲行业的其他成本甚至比其他产业更高，最主要体现在人员管理方面。美甲属于服务业，严重依赖于人力，虽然近些年出现了美甲机等新事物，但从市场接受程度来看，还是以人工美甲最为普遍。可是一位美甲师，只要接受一到两个月的培训，就可以轻松上手，加之进入门槛不高，开一家低档美甲店的成本可能只需要几万元，甚至在超市里开一间档口就可以营业，所以很多人在掌握了这门技艺之后会自行创业，这就造成了美甲店的人员流动性极大的情况。人员的频繁变动，导致很多美甲店的培训成本高昂，甚至无法维持运营。

此外，美甲行业中的知识产权保护问题也限制了品牌化的进程。长期以来，设计师设计的款式、样式，完全得不到版权保护，畅销的款式可以被竞争者轻松复制、模仿，甚至很多设计师会通过网络等途径搜索样式，进行复制，这就让该行业的版权壁垒无法形成，竞争极为激烈。

造成美甲行业品牌化程度不高的另外一大原因，是客单价较低。相比吃一顿饭可以产生几百元的消费流水，做一次美甲的平均消费金额只有一两百元；如果遇上新店开业搞活动，几十元乃至免费的体验活动也有可能出现；甚至像海底捞这样的连锁餐饮品牌，可以将美甲作为客户等待就餐的一种免费服务，加以赠送，这就导致了该行业产生丰厚利润的可能性较小，与品牌化经营所需要的条件不符。

综合来看，美甲行业虽然毛利润极高，不过，在扣除房租、设备折旧、人工等费用后，纯利润却并不高。而且，由于该行业的启动成本低，技术要求低，没有任何行业壁垒，适合白手起家的创业者，因此，形成了完全竞争的市场格局，使一家企业无法在市场中获得较高的市场份额，这也最终导致该行业品牌化程度非常低。

美甲进入中国30多年来，形成了一些行业品牌，不过由于这些行业特征，导致这些规模较大的美甲品牌在扩张过程中往往采用比较原始的加盟模式，由品牌方负责开店前的人员培训、确定店面风格以及后期的原材料供应；由加盟门店负责日常具体运营，加盟门店自负盈亏，每年只需要向品牌方缴纳一定金额的加盟费和原材料采购费即可。比如，进巍美甲、LILY NAILS、悦指尖、刘娟美甲等初具规模的行业领军企业，由于进入时间较早，逐渐建立起品牌知名度，不过，加盟门店的数量并不可观，规模保持在十几家到一百家不等的范围内。目前规模最大的进巍美甲，成立于2000年左右，客户群体定位在中高端，为消费者提供美甲、美睫、手足护理等服务，并以加盟商形式重点布局一、二线城市，达到800多家加盟门店的规模。从盈利模式来看，进巍美甲在门店创立初期向加盟方输出技术培训，后期则以收取品牌加盟费、管理费以及原材料费用为主，日常运营均由加盟商自行负担。平均一家门店有3~5名美甲师，客单价维持在150~280元的范围内，客人在接受服务的过程中，一般没有推销行为。

消费新趋势

近年来，随着互联网技术逐渐走入人们的生活，消费者的消费习惯正在发生深刻的变化。以前，人们到外地吃饭，往往要看哪一家饭店的人流量较多；而现在，只要打开App就可以查到附近的热门餐厅。这种消费习惯的变化也在深刻地改变着美甲行业。传统美甲店的获客方式主要是开门店招揽客户，人流量越大的地方，越容易成为美甲店的选址目标；而现在，当很多人喜欢打开App，渴望选择合适的美甲师或者美甲门店为其提供服务，商圈的人流量就不再成为美甲店选址的唯一选项。

消费习惯的改变对美甲师的技能提出了更高要求。以前，人们来到美甲店，只要在美甲师提供的款式中任选一种即可，而这些款式，早已被美甲师按照图样复制过数百次，操作起来非常简单；而现在，很多人都会通过社交媒体获取最新创意，由美甲师负责制作，这种改变对美甲师的技能提出了更高的要求，他们不再能够依靠一招鲜就吃遍天，而是需要具备更强的学习能力、模仿能力以及设计产出能力。这些消费方式的变化，加上此前就存在的行业问题，让传统的以加盟为主的美甲品牌在经营过程中越发艰难。

在这样的大背景下，秀美甲成为近年来少数依靠互联网思维快速成长的美甲连锁品牌，这些年更是走进资本市场，成为传统美甲行业的颠覆者。秀美甲是一家"连锁+新零售"平台，立志于打造美甲行业的"新物种"。目前，秀美甲在全国的加盟门店达到1000多家，提供一站式O2O终端营销、教育培训、电商供应、终端管理、金融服务等五大专业服务，一头吸引海量用户，另一头服务众多商家。该品牌自2013年创立以来，先后获得信中利资本、腾讯资本、策源创投、厦门建发、嵩山资本等数家国内外知名风险投资机构的融资支持，其周围的生态圈价值已经接近百亿。

公司发展历程

2013年，秀美甲开始酝酿其商业计划，并注册品牌运营主体——乐活无限科技有限公司。秀美甲App上线测试之初，日下载量突破10万，当年就积累了百万级的用户规模。

2014年，秀美甲获得策源创投、合力投资等知名机构的融资，将App升级为国内最大的美甲师专属工具+美图款式教程+美甲师社区平台，并正式开始城市地推战略，两年内实现全国20多个重点城市的全覆盖。

2015年，秀美甲开始打造以预约服务为核心的交易服务平台，并构建链接消费者和美业商家，以工具App+国内教程内容+社区+交易为支柱的全新美业生态；当年，秀美甲布局以美甲为核心的美业产品电商供应链和美业经营管理SaaS云服务系统；同年，根据中国软件资讯网《美甲O2O市场用户体验调研报告》，秀美甲以30.3%的用户知晓度位列美甲O2O品牌第一。

2016年，秀美甲提出立足超级美业的生态圈战略，当年推出美业经营管理云服务SaaS平台——美约管家1.0；同年成立了秀美甲科技实验室和秀美甲商学院，并推出基于VR等技术的美甲相机，实现虚拟试甲服务，被世界O2O组织评为美业最佳实践奖。

2017年，秀美甲开始组建金融事业部，并与A股上市公司奥马电器实现战略合作，获得线下连锁加盟业务扩张的50亿元授信，完成对线下实体连锁业务人、财、物的全方位布局，实现对合作商家的规模化培训、资金产品一站式服务支撑，于当年启动1万家秀美甲线下实体店的全国招商计划。

盈利模式

秀美甲突破传统美甲品牌各自为战的营业模式，线上线下相结合，建立了一套完整的商业闭环，从盈利路径来看主要分为以下四步。

第一步，通过秀美甲App上汇聚的3000多万消费者以及遍布全国的30万美甲门店(不限于加盟门店)，构建基于秀美甲品牌的美业生态圈。

第二步，以秀美甲App以及线下门店作为引流手段，实现多层级项目服务。美甲+美睫产业由于客单价较低，但频次较高，受客面较大，可以成为客户引流项目，以9.9元首次、299元包年美甲卡的营销方式，实现快速拓客的目标。而且消费者只要办理一张秀美甲会员卡，就可以通过公司开发的美业SaaS系统，在全国所有的秀美甲门店内使用。

第三步，升单。在客户接受美甲技师服务过程中，发掘客户增值需求，为客户提供12项美容服务，提供一站式美业，收入更加多元化，经营利润更加广泛化。

第四步，对接整形联盟，为客户提供高附加值的医美业务，比如隆胸手术等，并与相关医美机构按照比例分成。

通过秀美甲制定的盈利模式，我们就可以看出秀美甲与传统美甲品牌在经营方式上的不同。首先，该品牌以线上线下相结合的方式，满足互联网一代消费需求的同时，增加了加盟门店的获客途径。其次，传统美甲连锁品牌，虽然在品牌上维持一致，但从具体运营情况来看，各家门店又往往各自为战；秀美甲则通过自主研发的SaaS系统，将所有销售门店的营销状况打通，实现顾客只要在一家门店办理会员卡，就可以在全国秀美甲门店消费，该系统还可以实现内部结算，按照消费者的消费金额，按比例结算给服务门店和办卡门店，为消费者带来便利的同时，也为秀美甲持续扩大加盟商的数量提供了有力保障。最为关键的是，秀美甲并没有将美甲作为主要的盈利方式，而是将其作为获取客户和锁定客户的步骤，其真实的盈利增长点在于美容服务以及医美服务，而实现这一切的关键在于升单，做到这一点，需要"互动"。

互动出来的行业领军品牌

秀美甲增加互动，增加人与人之间的沟通，从而达到发掘客户需求、增加门店营业利润的目标。前面提到，美甲行业的客单价较低，一些美甲门店刚开业时，往往都要搞一些促销活动，比如体验一次美甲100元，办理一个半年卡只需299元等，单靠这种拼价格的经营思路，很难覆盖其经营成本，实现稳定盈利。因此，传统美甲门店大都采用拓宽客流，稳定维系老客户的方式维持运营，而这套模式很难进行规模化复制，品牌化难以持续。

事实上，美甲和其他附加值较高的美容、医美行业一样，目标群体主要集中在25岁至45岁的女性，如果在为顾客做美甲的同时，发掘附加值更高的美容、医美需求，那么，这些高附加值的业务就会为门店以及品牌的持续发展提供源源不断的动力。对于适龄女性来说，美业及其周边行业极具诱惑力，因为女性如果在颜值方面比较突出，就更容易在职场或者情感生活中掌握主动权。可以说，女性渴望美，是普遍心理。不过，那些装修高档的美容店、医美医院，却往往让一些刚刚进入社会，为生计打拼，囊中羞涩的女性望而却步。如何让她们了解到美容产品或者医美医院能够为其带来的改变，就成为行业难题。

美甲是个很好的切入口，美甲的客单价不高，大多数女性进入美甲店进行消费，都不会产生迟疑。消费过程中，一位美甲师往往需要花费半小时手握着手为客户进行服务，这个时间，就是美甲师与客户互动的过程。因为从心理上讲，当人和人产生了肢体上的接触，相互之间的戒备与隔阂往往就会减轻。所以，秀美甲的美甲师，往往会利用这段时间，根据客户的具体情况，与客户产生互动。如果顾客感兴趣，可以在做完美甲之余，体验这些美容服务。当用户亲身感受到了这些服务带给身体上的变化之后，自然就会根据情况，选择更加昂贵的项目。不仅如此，秀美甲还与国内著名的医美医院合作，开辟了附加值更高的医美经纪业务，在顾客接受秀美甲介绍的整容、美容治疗之后，秀美甲可以和相关机构分享利润。

为了增加互动的效果，秀美甲在品牌形象、内部管理以及商业模式方面，做了更多的努力。

第一，线上线下互动，增加拓客渠道。秀美甲模式与传统美甲门店最大的不同，在于其获客模式的大胆革新，其中就蕴含了诸多互动的成分。秀美甲诞生于"互联网＋"火爆的2015年前后，那时，在大众创业、万众创新风潮中，资本与诸多O2O项目相结合，诞生了诸多名噪一时的创业项目。比如，只要在网上下单，就会有人上门帮助洗车；网上下单，就会叫来出租车；秀美甲与这些项目一样，将美甲店开到了App上，用户只要下载秀美甲App就会查看到周边的美甲门店，点击预约下单，即可到附近的门店消费。依靠这种全新的运作方式，实体门店获得了更多的引流途径，而这种用互联网来激发消费需求的模式，并不是一家单打独斗的美甲门店能够做到的。

第二，打造形象，规范门店风格。秀美甲在确立拓展实体门店规模的战略之初，就确定了实体门店的装修风格，此后，任何一家秀美甲加盟商在开业之前，都需要按照这些装修风格进行装饰，其中结合了高雅艺术、音乐、舞蹈、时装等元素，充分展示出秀美甲的文化内涵。在店面选址方面，秀美甲也没有从节约成本的角度出发，选择超市档口这种低成本、高人流的地方开设店铺，而是要求加盟商将门店打造成为美容店一样的美业生活馆。店内除了提供美甲服务，还增加了其他美容服务设备，方便客户体验与使用。

第三，加强培训，扩大知名度。秀美甲将行业人才的培养放在了重头，这主要是为了实现几个目标：由于该行业属于服务密集型产业，人员流动性极大，需要具备一个强大的技能培训体系，使得新从业者能够在短时间内达到上岗、服务客户的标准；除了基本的美甲技能外，与客户沟通技能的提升，是秀美甲商业模式成功的重要因素；长期以来，美甲行业由于客单价较低，导致行业利润水平一直无法有效提升，因此，围绕美业，拓展其周边利润率较高的业务，就是秀美甲的盈利重点，这就需要美甲师在与客户交流的过程中，用专业的营销手法，在客户不反感的情况下，将业务顺其自然地推荐给客户；再者，培训也是秀美甲扩大品牌知名度、发展加盟商的必由之路，很多美甲师工作之余期待技能的提升，如果发现有免费的课程，往往会争相学习，这就为秀美甲的品牌推广提供了便利，一堂公开课下来，美甲师学到了新技艺，品牌方推广了其品牌，实现了双赢。

为了实现这些目标，在创立之初的2016年，秀美甲就专门成立了秀美甲商学院，这是在秀美甲的主体经营尚未搭建完成时就已经开始的工作。商学院需要具备一支优秀的讲师团队，为此，秀美甲精心打造了一支由副总张晨然先生带队、资深导师加盟的专业团队，以"要教就教最实用的，要教就教最想要的，要教就教最前沿的"为宗旨，将秀美甲商学院的系列课程打造成美业MBA。从授课方式看，秀美甲利用先进的互联网社交平台，实现了线上远程授课的目标，全国各地的美甲从业者都可以利用闲暇时间，在线获取秀美甲商学院教授的美甲技艺。授课的内容则主要针对美甲师的美甲技能提升以及美业周边的相关知识，比如美睫、纹绣、美发等。除此之外，通过商学院，秀美甲注重美甲师营销技能的提升，同时还将品牌的商业模式、盈利模式以及加盟方式，向广大从业者加以介绍，在提升相关人员技能的同时，提升秀美甲的品牌知名度，为其扩大影响力、做好下一步的招商工作，奠定了良好的基础。

秀美甲公开课的效果非常显著，每次开课的消息一经发布，就会吸引来自全国各地的美甲从业者。经过历时半年多的在线培训，在提升美甲师的美甲技能的同时，也让他们对秀美甲的全新商业模式有了深刻了解，认识到美甲过程中要充分运用与客户手握手的时间段，充分发掘客户潜在需求，为消费者服务的同时，也为自己增加了一条创收路径。

树立品牌，赞助美甲世界杯。对赛事的赞助，往往能够提升品牌的价值，这正如很多行业品牌宁可花大价钱也要争取到一个世界杯足球赛的边栏广告一样。秀美甲从2016年开始，就赞助中国美甲行业的顶级赛事——美甲世界杯。

长期以来，美甲行业精英的选拔，都是一件困难的事情。对此，中国美甲艺术学会以"传播美甲文化，塑造行业价值，打造全球最具影响力的专业精品赛事"为宗旨，发起了美甲世界杯比赛。通过比赛，在选拔行业精英的同时，还可以传播美甲文化，扩大相关品牌的知名度，同时也为行业规范、行业标准的制定，提供了一条思路。美甲世界杯的比赛项目除了美甲技艺，还囊括了其他的美业产业，诸如智能护肤、美睫、化妆造型等。选手的参赛资格也比较宽泛，只要具备相关知识和熟练技能，都可以成为美甲世界杯的参赛者。同时，为了方便全国各地的美甲从业者参赛，美甲世界杯还分别选择南昌、上海以及广州作为分赛场，从分赛场中选拔出来的优秀人才，最后参加世界杯的总决赛。

秀美甲还联合国内的电视媒体以及网络直播平台，对整个美甲世界杯大赛期间的大型活动进行同步直播，而这样通过赞助赛事来推广其知名度的做法，则让秀美甲成为国内美甲行业的知名品牌。经过多年的努力，这场赛事成为国内美甲行业的顶级赛事，而秀美甲则通过赞助美甲世界杯，为其扩大行业知名度，甚至是参与相关行业标准的制定，打下良好的基础。

每天，加盟商都会将最新的成交订单展现在秀美甲专用的交流群中，客户创造的单价从几百元到几十万元不等。一位加盟商在一次网络直播节目中提到，开立秀美甲门店之后，半年收回了全部投资成本。他认为，秀美甲模式成功的关键，在于充分调动起门店员工的工作积极性，他们不需要领导的督促，就会自己争取服务好自己的客户；而门店老板，似乎只是建立了一个能够展示员工能力的平台，入职只有一两个月的员工，也可以拿到两到三万元的月薪。

秀美甲模式中，加强与客户的互动成为其树立行业地位，扩大业务规模过程中的重要手段，通过灵活运用多种互动的方式，秀美甲将传统美甲门店中的人员选拔与管理、盈利能力的提升以及品牌建设等行业痼疾一一化解，并吸引了大批加盟者的参与。同时，面对充分竞争性行业中艰难的品牌化路径，该品牌也为众多创业者提出了一套全新的解决思路：在传统业务的利润率越来越微薄的情况下，充分运用互动型经济思维，发掘客户的全新需求，扩大经营范围，提升行业整体水平，实现品牌化、规模化的经营目标。

互动型经济视角下如何玩转汽车新零售

　　线上业务蓬勃发展的今天，几乎没有什么东西不可以通过互联网购买。不过，汽车零售行业似乎是个例外。目前，消费者购买汽车，主要还是通过4S店等线下方式进行。国内汽车销售市场如其他行业一样，已经进入存量竞争阶段。面对有限的消费者，汽车销售如何突破困境，是所有汽车市场参与者需要深入思考的问题。2020年突如其来的疫情席卷全国，汽车行业遭受前所未有的打击，国内汽车消费市场增速放缓，对汽车经销商而言无疑是雪上加霜，汽车销售渠道将进行阶段性调整，传统汽车经销模式面临着严峻挑战。面对挑战，有人临阵逃脱，弃械投降；有人临危不惧，抓住机遇。

　　此时，一家汽车销售企业——蔚车，正在对汽车销售行业做出改变，采用"线上电商平台+线下新车直购超市"的汽车零售新模式崭露头角：线上以多种多样的渠道获客，以诱人的购车方式吸引消费者，激发其购买欲望；线下汽车超市全方位服务消费者，为终端客户带来更便捷透明的购车服务体验。"线上+线下"立体化、全方位、多维度地服务客户，最终成交。由于当下的汽车主要消费群体已经由"60后""70后"变为"80后""90后"年轻人，跟随互联网成长的一代人已经习惯于线上购物，传统汽车销售方式终将被"线上+线下"的汽车新零售模式取代。

传统汽车经销模式陷入窘境

中国汽车销售最大的网络4S店模式，即汽车经销商模式，汽车经销商的发展壮大需要依靠大笔资金增开新店，通过卖车积累客户，以售后的维修保养、汽车金融、保险等获利。当车市处于高速成长期，经销商可以迅速回笼资金，不断壮大；但随着购车需求逐渐低迷，4S店重资产与高运营成本的弊端出现，新车销售利润率逐年下滑，售后客户不断流失，导致亏损或业绩倒退。根据中研普华的数据统计，2018年共有44家经销商的营业收入超过百亿元，2018年经销商新车毛利从2017年的5.5%下降到0.4%，全国只有32.8%的汽车经销商盈利，26.7%的经销商盈亏平衡，经销商的亏损面从2017年的11.4%增加到40.5%，上万家经销商面临出局。2019年，经销商的新车毛利普遍为负，亏损面进一步加大，传统汽车经销商已进入困境。资金占用量大、获客渠道狭窄、市场逐渐饱和、消费群体变化，是导致尴尬局面的关键因素，也是传统汽车经销行业的痛点。

重资产投入，资金需求大

一家汽车经销商的成立需要付出高昂的投入资本，包括前期的场地租金、店面装修，尚未开业即投入百万、千万甚至上亿元。开业后，汽车经销商迫于整车制造商的压力，需要采买足够的车辆作为库存销售，库存越多，占用资金越大，经销商面临极大的压力。近年来由于汽车销售毛利日益下降，汽车经销商已经濒于亏损边缘，重资产投入，库存压力大，现金流紧张，依赖售后业务补贴新车销售，成为汽车经销商的"顽疾"。

获客渠道狭窄，线上获客转化效果不明显

门店汽车销售以客户自然进店为主，获客渠道狭窄，而线上获客渠道的引流效果也不明显。整车制造商和地方汽车经销商虽然也通过车媒、楼宇媒体、电梯媒体、线上公众号等方式推广宣传，但是获客的渠道不够精准，转化效果不明显。究其缘由，是整车制造商和4S店缺乏对完整销售链路的把握，线上的销售线索，其效果如何，容易成为一笔"糊涂账"，是因为线上集客不够精准、线索质量不高，还是线下经销商在线索跟进、门店体验等方面不够有效，很难通过量化指标计算。线上和线下的完美结合，成为整车制造商和汽车经销商提高客户转化率的关键。

存量市场逐渐饱和，下沉渠道触达困难

传统汽车经销商多聚集于一、二线等较为发达的城市区域，但是目前该类区域人口红利见顶，市场趋近饱和，增长势头放缓。一方面，一、二线城市拥有一辆汽车成本高，限购限号、交通拥堵、油价高企、停车难且贵，开车不但不能节省时间，反而还会成为一种负担，其边际收益急速收窄，降低了消费人群的购车欲望；另一方面，共享出行逐渐成为市内交通出行的主要方式，出行方便、省时、成本低，完美替代了市内自驾出行的需求。

汽车企业走出困境的选择之一，即是打开下沉市场，拓展新的销售渠道。但是下沉市场需求分散，单个城市体量较小，消费能力无法支撑一家4S店，对主机厂商而言这部分销量如同鸡肋；分散的市场销量，其投资回报率更低，厂商不愿花太多的时间和精力去布局。目前下沉市场的主角是汽贸商(二级经销商)，但是，汽贸商的经营痛点非常突出，一是供应链难以保障，上级渠道商优先供应自有客户，汽贸商的车源无法稳定输出；二是汽贸商无法直接向消费者提供金融供应链服务，购车同时提供车贷等金融服务已成标配，无法提供金融服务显然会流失大量客户；三是汽贸商同时代理多个品牌车辆，且大部分营销人员专业素质不高，服务质量也难以保证。稳定的供应链、多渠道获客、专业优质的服务，是实现下沉的关键，而目前的经销商模式似乎很难实现。

传统汽车经销商难以满足年轻消费群体的需求

中国是全球最大的汽车市场，多年来一直推动汽车行业发展，但是整体市场销量下滑趋势明显。据统计，2018年中国汽车市场销量下降了3%，2019年全年销量同比下滑7.4%。传统整车厂独掌汽车行业话语权的时代已经过去，传统汽车经销模式已经不再适应时代的发展。汽车行业发展呈现出四大趋势：电动化、自动化、网联化和共享化。引发这些转变的另一个重要原因在于，消费者本身及其需求发生了改变。

当前购车的主要群体越来越年轻化，"85后""90后"以及新生代"00后"成为购车主力军，年轻消费群体已经习惯了线上线下无缝转换的个性化购物方式，越来越看重消费环节的体验及个性化需求。当前，越来越多的消费者从网上了解价格和车型，虽然目前他们几乎全在线下购买汽车，但是这一购车倾向正在发生改变，年轻消费者真正想要的是多渠道的购车体验。根据埃森哲《汽车零售的未来——消费者洞察》，年轻消费群体更倾向于使用数字媒体(53%)，较少前往经销商门店(23%)，年轻消费群体对当前购车方式不满的五大因素，分别为"需要议价""无法线上购买""贷款困难""烦琐的交付流程""汽车配置选择"等。

现实中的汽车经销商模式，切中了上述每一个因素，比如议价环节，消费者与经销商之间的价格信息不透明，购买过程中与门店销售顾问会进行长时间讨价还价的痛苦过程，影响了潜在客户的购买决策速度和购买意愿；当下购车主流方式还是到店消费，对已经习惯了线上购物的年轻一代来说，线上购车需求难以满足；线下购车需要耗费大量时间，贷款需要繁杂的计算过程及申请、审批流程，购车后的交付环节仍然让人难以忍受，多数情况需要等待数日才能提车，而且消费者需要多次往返4S店，耗尽了购车的情绪。逐渐变化的消费群体，正在倒逼汽车销售模式发生改变。

专注于用户体验的汽车新零售平台

作为汽车行业未来的发展趋势，"汽车新零售"与传统汽车销售的区别，主要是在人、货、场三方面。人的变化在于三、四、五线城市的下沉；货的变化，在于从以前的人找货，变成现在的货找人；场的变化，是从线下消费场景，变成了线上消费场景。通过对人、货、场的重构和升级，"汽车新零售"能够打破线上与线下消费场景的界限，为客户带来更加方便快捷的购车体验，帮助经销商改善经营效率，突围存量市场。

蔚车是安步集团旗下的全资品牌，成立于2015年7月21日，致力于以互联网技术驱动行业效率革命，提升消费者的购车服务体验。公司先后获得浙江省天使梦想基金、英宸创投深圳有限公司、厚沣创投深圳有限公司的天使轮投资，获得通江投资集团和湖北省国资委联合投资的数千万元Pre-A轮融资。创始团队兼具汽车主机厂商、汽车经销商、互联网技术等方面的深厚工作经验，在汽车电商领域有着较深的研究和领悟。

蔚车主要面向全国车商，帮助经销商降低经营成本，改善经营效率，提高门店利润率。蔚车单个门店面积远远小于传统汽车经销商门店，前期投入成本低；同时门店无须储备大量车型，降低了库存占用资金，提高了资金使用效率。

蔚车以打造"线上电商平台+线下新车直购超市"的新零售模式为方向，线上获客渠道包括自建小程序、抖音等，获客渠道丰富多样，保证了客户来源和引流效率，同时在线上和线下与客户的互动，提升了消费者的购车服务体验和行业的流通效率。蔚车聚焦于三、四、五线城市等下沉市场，切入的是传统汽车经销商不值得进、难以进的市场，通过"线上+线下"相结合的轻模式，完美满足了下沉市场消费者的需求。公司又通过自有的拿侠SaaS系统，更好地从品牌、辅导、客源、车源、金融对接服务、资金、物流等多维度赋能车商，让车商更轻、更快、更有竞争力。

探明历史：线上销售汽车梦想起航，汽车零售模式突围

2015年7月安步公司正式成立，为了解决传统汽车经销模式的痛点，涉足汽车新零售商业模式，获得300万种子轮天使融资。同年11月全网上线汽车零售平台，杭州、宁波、绍兴三地同步运营，12月与淘宝达成战略合作协议。

第七章　互动型经济的探索

2016年1月，第一单全在线购车交易完成，标志着线上售车模式是可行的，能够打破传统销售模式的束缚，可以得到消费者的认可；9月单月自营销量突破200台，证明了平台具有很强的销售能力，为后期与各大整车制造商合作打下了坚实基础；10月南京第一家省外合伙人试点，为蔚车在全国范围内经营积蓄了力量。可以说，2016年，蔚车就具备了自我造血能力，得到了市场和投资方的认可，同年8月获得了厚沣创投的千万投资。

2017年蔚车线下连锁门店突破600家，整体零售规模单月突破1500台，员工从最初的几十人扩张到200多人。1月，公司成为全国工商联汽车商会常务理事单位；2月获得通江投资集团数千万Pre-A轮融资；4月建立门店服务四大营销及物流中心；5月推出集团化运营战略，蔚车品牌升级；6月设立天津及时车融资租赁有限公司，完善公司商业模式的重要一环；7月线下门店突破400家；8月单月销量突破1500台，创造了新的历史纪录；10月"及时车分期服务"品牌发布；12月公司荣获"年度中国汽车金融创新平台"，为C端客户群体带来了极致的消费体验。

2018年，为全面推动公司集团化的发展，5月正式更名为"蔚车"，品牌升级后从采销、金融、培训及政策等方面优化了门店服务。

采销升级——全国集采，蔚车为每个车型品牌均配备一个采销组，服务门店进行车型采集，形成全国集采、各省中转库现车分销的大采销格局，加快门店采销周转。

金融升级——聚集全国金融专家，推出自主的有竞争力产品，助力门店抢占市场。

政策升级——出台商务政策及市场支持政策，全面支持门店做大做强。

工具升级——"拿侠""蔚车伙伴"等门店使用工具全面升级，让门店管理更高效。

紧跟品牌升级的一系列配套措施，为消费者提供了方便，线上看车比价，线下购车提车，全国设立60个中转仓库，全国采集热销车型推送给客户，客户提车周期大大缩短，10天内即可提车。

2019年1月，公司入选"第四届中国汽车互联网+创新百强"，2月入选"浙江省杭州市余杭区科创型企业"。2019年9月25日，蔚车CEO戴其其荣获"全国工商联汽车经销商商会建国70周年汽车经销商服务行业影响力人物"。2019年9月27日，在"2019中国品牌经济峰会"上，蔚车平台荣获"2019年度汽车新零售品牌经济指数10强"奖项。2019年11月，蔚车与天九集团合作，在全国范围内遴选联营合作伙伴，11月签约第一家联营店——安徽蚌埠联营店，并成为全国工商业联合会汽车商会常务理事单位。

2020年，公司做了两项业务升级，一是蔚车经营模式升级，二是金融产品升级。公司正式由加盟模式逐渐转为联营模式，截至8月，蔚车联营店突破50家。公司做了金融产品升级，推出"超低首付及时车分期产品"金融服务，月息仅4.1厘。截至2020年10月31日，蔚车全国门店数量突破660家，距离千店目标越来越近。

蔚车汽车新零售商业模式

蔚车打造"线上电商平台+线下新车直购超市"的汽车新零售模式，为汽车消费者提供多品牌一站式的新车购买服务。上游对接整车制造商、大型4S店、金融机构等汽车产品或者服务供应商，线上以自有的"蔚车伙伴"获客系统引流，线下在全国范围内通过加盟或者联营模式寻找"品牌连锁超市"的合作对象，线上引流线下成交，或者线上引流并成交，线下提车，形成一个完美的交易闭环。蔚车商业模式如图7-3所示。

图7-3　蔚车商业模式

图片来源：蔚车官方网站。

与用户互动的三部曲

消费升级时代，用户个性化需求越来越多，更加讲究用户体验。用户不再满足于单纯的产品销售，他们会综合对比产品质量、价格、服务水平以及消费过程中的感受。消费者需要的不再是用手上仅有几万块钱购买一辆代步工具那么简单，现实情况是消费者手上有几万、几十万甚至上百万元，面临的选择是买基本乘用车还是买MPV或者SUV，是买特斯拉、宝马、奔驰还是大众。汽车销售市场供给端非常充足，消费者有很多的选择，需求越来越模糊，用户决定买与不买的核心要素不单单是产品价格、产品质量、服务态度，而是多种因素综合作用的结果。年轻消费群体喜欢上网的习惯决定了线上购买汽车的大趋势，蔚车作为汽车新零售的创新者，采用多种方式来满足用户需求。

"线上精准引流+线下门店销售"无缝衔接提高用户体验

O2O连接是保证客户在线上线下获得一致品牌体验的核心。蔚车专注于以互联网技术驱动行业效率革命，提升消费者的购车服务体验，始终以用户为中心，围绕用户体验下功夫，线上线下融合，实现了消费者购车无缝衔接的购物体验。基于汽车销售比较依赖社交引客的特点，蔚车不断加码在线营销手段，借助百度、京东、今日头条等平台广泛宣传，提升品牌知名度，以线上营销方式集客并收集销售线索，与客户建立初步联系。从公开网上渠道引流至私域渠道，并配套自主研发的线上获客系统，筛选用户，实现精准引流。

同时，公司深度参与线上售前铺垫，在线帮助经销商促进销售转化。客户确定车源之后，蔚车专业顾问就会及时与合作门店沟通，安排好售车的前期准备工作，确保线上线下协同管理。从线上引流获客到线下门店交易转化的全链条贯通，转变了传统的纯粹依靠线下自然引流的方式，拓宽获客渠道的同时，精准锁客，释放了获客潜力，有效提高了客户转化效率。这种模式降低了客户现场购车、讨价还价的烦琐流程，降低了对门店销售人员专业水平的依赖，提升了服务能力和销售效率。线上线下融合的汽车新零售模式，覆盖了车辆销售的全生命周期，且更加容易触达更深层次的下沉渠道。

第七章 互动型经济的探索

全方位赋能车商，提高成交效率

公司通过拿侠SaaS系统，更好地从品牌、辅导、客源、车源、金融对接服务、资金、物流，全维度赋能品牌连锁汽车超市。

第一，提升门店服务质量，提高成交率。线下品牌汽车连锁超市离客户最近，直接关系到客户的购车体验，也是公司了解客户真实心理的场景。所以，门店整体服务水平关乎客流、转化、成交等经营业绩。蔚车的汽车新零售模式，改变了原来的单一品牌专售、重资产投入的4S店经销模式和无品牌背书、无稳定供货体系的汽贸店模式，全方位、立体化的赋能体系提升了门店的服务质量，让客户享受极致体验，提高了门店的成交效率。

第二，拓宽客户渠道来源，改变了坐等自然流量的现状。蔚车以线上多种推广渠道为线下门店引流，一是通过微信营销搜寻有购车意向的精准客户；二是在手机无线端进行DSP投放，吸引更多感兴趣的消费者；三是搜索引擎营销，优化产品搜索排名，提高网站访问量，保证品牌的口碑，增强公司的品牌效应；四是互联网大数据开发，通过互联网大数据勾勒意向用户行为画像并形成意向线索，开发更多的客户资源。多渠道的获客引流方式，轻松解决了经销商无客户资源、门店获客难的问题，为门店带来更大的竞争力。

第三，稳定的供应链渠道，保证车源供应，减少资金压力。公司有一整条供应链服务和整车制造商及4S店形成的车源供应和车源采购体系，一汽马自达、吉利、长安、雪佛兰等多个汽车品牌都和蔚车达成合作，所以蔚车会提供多种车型供消费者选择，还可以进行智能进货，保证门店合理供货，不会出现车源断接的情况。蔚车向各个门店供货，无须一次性采购大批车辆，15万元保证金即可获配价值350万元的车辆，降低了资金压力。

多品牌、优质、低价车辆供应满足用户需求

从购车的需求角度来讲，消费者注重车的品牌、质量、价格等多种因素。蔚车已获得18个汽车厂家授权销售的28个车型，集采车型超360款，可售新车覆盖90%以上的主流热销车型，包括新能源汽车和平行进口车，多品牌车辆给了消费者多样化选择。车辆来源于整车制造商和直系经销商，保证了车源质量，让消费者放心购买。在传统汽车零售业务的基础上，针对年轻人购买力不足的情况，蔚车选择与成熟的金融机构进行合作，开辟汽车金融服务，推出了"超低首付及时车分期产品"，不仅使消费者享受超低首付，同时还能免去后期过户的烦恼，快速享受安全无忧的购车和驾乘服务。这些举措在一定程度上解决了消费者"选车难、买车慢"的问题，满足了绝大多数消费者的需求，提高了消费者的购车意愿。

蔚车新零售模式与传统经销商模式对比
汽车供应对比

传统汽车经销商的车源渠道狭窄，仅从单一品牌整车制造商进货，仅销售单一品牌汽车，比如大众汽车4S店只销售大众系列的品牌汽车，不能销售其他品牌汽车，这就限制了其销售的范围。传统的汽贸店缺乏稳定可靠的车源供给、品牌背书、高效的获客能力以及体系化的客户服务。对消费者来说，汽车是价格比较高的消费品，他们非常看重汽车质量，所以更加注重车源可靠性，而且汽贸商的售后相对来说无法保证。

蔚车的新车货源主要分为两种，一种是厂家定制款型的授权，一种是向4S店进行批售。不管它以何种方式获得车源，因为是集中采购，所以拥有绝对的价格优势，且因为是正规渠道，所以有品质保障。蔚车的汽车新零售模式通过线上线下相结合，形成创新型的渠道模式，有轻资产、集约化的优势供应链，有连锁品牌化、服务标准化等特点，符合当下消费者的购物习惯，必将成为未来汽车零售的主流模式。

前期投资对比

传统汽车经销商的发展壮大是依靠大笔资金增开新店，前期投入包括场地费、装修费、进货费，动辄上千万元甚至过亿元，属于重资产模式。4S店通过卖车来积累客户，继而发展维修保养、汽车金融、保险等。而目前中国汽车销售市场虽然有一定的成长空间，但是销售下降趋势非常明显，消费者购车需求逐渐低迷，4S店重资产和高运营成本的弊端已经显现，新车销售利润率逐年下滑，售后客户不断流失，经销商回笼资金速度减缓，导致亏损或业绩倒退。

蔚车虽然拥有非常多的线下门店，但它从来都是一个轻资产的平台。整体的经营投资上，蔚车都是属于轻资产，包括在供应链端，推崇的是快进快出的模式，采取小批量多频次的采购，不大量囤货。在线下门店方面，都是门店投资人自己来做，蔚车在车源供给端和门店经营端都是相对轻资产，风险就会低很多。因为轻所以投资回报率比较高，因为轻所以可在全国大规模复制，蔚车一直保持轻资产的状态，并进一步发展壮大。

门店运营对比

从经营层面看，传统汽车经销模式有以下三个痛点。首先，获客渠道单一，多数传统汽车经销商没有线上产品，只能通过线下宣传获客，自然流量导入，非常被动；其次，经营利润单薄，汽车销售整体环节的车价、保险、金融、上牌服务等价格透明，综合利润不高，再加上主机厂强势，利润空间不断被挤压；最后，门店销售员推销方式不受消费者欢迎，卖车可能相对容易，但是客户黏性很弱，售后保养中养护产品推销过度，导致客户维系困难。

蔚车获客方式采用线上导流和线下门店宣传两种方式相结合，覆盖群体广，线上客户可以直接咨询，线上、线下立体宣传，全面精准触达客户。盈利模式多样，获利包括新车零售、汽车批售、金融对接服务、保险和上牌服务以及汽车装潢，涵盖购车全流程，盈利点多。公司门店主要用于消费者体验和提车环节，销售环节多数情况下可以通过线上完成90%，整体销售流程顺畅，用户不反感。

蔚车商业模式总结

面对变化了的消费群体，传统汽车经销商模式和汽贸店销售模式已经无法满足其需求，而O2O模式已在各行业验证成功，如电子商务领域的阿里、生活服务领域的美团、共享出行领域的滴滴。用户的消费习惯需要培养，"线上+线下"的汽车新零售模式也势在必行。目前，很难脱离汽车销售的线下门店，实现纯线上销售全流程，汽车作为低频、高额消费品，消费者购买时相对会更慎重。线上询价对比，线下体验提车会是一个比较好的购买方式。汽车成品从整车制造商到一级汽车经销商，到二级经销商，再到三级汽贸店，需要经过多个中间环节，中间商层层加价，车价势必会提高。

而蔚车基本可以做到从整车制造商提货，减少中间环节，降低成本，给予消费者最大的价格优惠。

蔚车的汽车新零售商业模式，有机结合了线上客户引流端和线下客户体验端，锁客环节精准且有的放矢，上游供应链选择靠谱商家，针对消费者的需求，引入金融、保险、汽车装潢等服务。这种模式既解决了B端的产品供应难题，又打通了C端销售难题。蔚车五年的发展历程，已证明其商业模式的可行性，其核心要素包括以下三点。

一是互联网思维，线上精准锁客。蔚车通过线上引流工具，依托互联网和大数据，对用户进行准确的预测分析，准确抓住用户需求，快速为其筛选车型，快速对比产品，引导消费者线上看车、线下提车，方便快捷。用户可以在线获取透明底价，价格更实惠，购买更放心，从底层逻辑上满足了消费者对于"物美价廉"的购物诉求。

二是线下汽车连锁超市给予用户极致体验。蔚车以轻投入的汽车连锁超市为经营业态，结合线上流量，全领域覆盖客户群体，线上线下相结合，将有价格优势的商品车出售给消费者。

三是全方位的服务体系，一站式满足消费者需求。蔚车针对消费者提供的不仅仅是新车销售服务，还包括金融对接服务、保险和上牌服务以及汽车装潢服务，系统化的服务满足了消费者的所有购车需求，打消其购车顾虑。

创造服务价值才能赚到合理的利润，跟对趋势才能把握财富机会，抓住汽车新零售的模式，就等于抓住了汽车行业转型的机遇。蔚车近年来的快速发展和扩张，得益于市场和政策的东风。传统的市场让蔚车找到了一个差异化的竞争模式，这是蔚车成长的核心，同时国家对汽车电商的鼓励政策，也是蔚车能够被市场认可和接受的关键。汽车行业依旧是线下主导、线上结合的逻辑，而更好地服务消费者才是王道。

以互动型经济思维探索互联网法律服务新生态

21世纪第二个十年是移动互联网的迅速普及、爆发期，各商业生态也在移动互联网加持之下逐渐成形。以滴滴为代表的"互联网出行"、以猿辅导为代表的"互联网教育"、以春雨医生为典范的"互联网医疗"等共享经济新模式，为人们提供了不同于传统模式的体验。而"互联网法律服务"也随之亮相，给法律咨询行业带来巨大变化。

法律服务是一个专业知识强、信息不对称的高壁垒产业，互联网的特点则是打破信息不对称，降低信息壁垒，二者结合形成新的O2O法律服务商业模式，颠覆了固有的行业限制，突破了传统法律服务的困境，有效地匹配了律师资源和案源，提高了法律服务效率，降低了法律服务成本。

传统法律服务行业痛点

律师资源少且两极分化现象严重

根据司法部2019年律师行业统计数据，截至2019年年底，我国共有执业律师47.3万人，但我国人口基数大，律师占总人口的比例仅为万分之三，反映出我国社会对法律服务的有效需求不足，这种情况在广大农村地区更为明显。我国律师资源两极分化，根据司法部发布的数据，2019年律师人数超过3万的仅有北京、广东、江苏、山东四省市；而西藏、青海、宁夏等地，律师数量不足，甚至存在无律师县。东部发达地区和西部偏远地区律师数量对比差距较大，城市和农村律师资源同样不均衡。法律服务行业未能逃脱"二八定律"，80%的律师竞争20%的市场，20%的律师拥有80%的客户，行业中甚至有人说"二八定律"可能向"一九"迈进，案源将会更加集中在高水平的律师手中，这意味着"长尾"人群的法律需求得不到保障。

律师和公众双方信息渠道不通畅

传统法律服务的信息获取，对于律师和公众都非常难，双方之间存在较高的信息壁垒，律师拓展案源渠道有限，公众寻找合适律师非常困难。传统律师服务方式受时间和空间双重限制，律师开拓案源大多通过熟人介绍、户外楼宇广告等渠道，信息渠道狭窄，存在信息收集缓慢、片面等问题。法务需求者线下寻找律师极不方便，首先是没有寻找律师的有效途径；其次是当事人对涉及的案件性质不了解，不知道寻找哪类律师；三是传统法律服务价格信息不透明，认为律师服务价格高昂的传统观点对公众寻找律师构成了心理障碍。律师和公众二者之间获取信息不畅，且存在信息差，致使传统法律服务供需匹配难。

律师事务所规模化发展困难

据司法部统计，全国目前有3.2万家律师事务所，其中10人以下的律师事务所2.1万家，占比为65.57%；11人至20人的律师事务所6860家，占比为21.06%；100人以上的律师事务所仅320多家，占0.99%。可见，我国律师事务所多数为小所，限制了法律服务行业的发展，无法实现规模效应和品牌战略。规模化发展的决定因素在于律所的收入规模和案源数量，案源取决于合伙人的人脉关系，而且法律服务水平需要品牌背书，小所异地扩张困难，只能本地化发展，无法扩大规模。规模小导致市场竞争格局分散，同质化竞争严重。

法律服务"长尾市场"需求大供给少

法律服务行业存在一个不成文的鄙视链，非诉律师鄙视诉讼律师，商业律师鄙视民事律师，IPO律师鄙视并购律师，鄙视的依据则是收益的高低和法律服务标的大小。收入高的服务对象多数是B端客户，比如上市服务、并购重组、投资服务等，这些高端业务是律师争抢的肉食，但是数量较少。然而，社会公众的法律需求是多样化的，一些涉及金额不大、办理程序烦琐的法律事务需求，因为种种原因不能被现有的公共律所满足。但正是这千千万万个小的法律需求，构成了法律服务市场的巨大"长尾"，这部分业务对于律师而言是低端业务，是多数律师不愿服务的。

互联网法律服务的未来

随着中国互联网技术的进步和推广，移动互联网、人工智能、大数据等技术的成熟应用，互联网法律服务正在成为改变行业的重要力量。如同互联网教育、医疗行业，互联网法律服务行业经历了市场潜伏期、快速发展期、洗牌整顿期和转型发展期。

2013—2014年是市场潜伏期。在此期间有少量互联网法律服务平台开始探索线下法律服务，主要是借助淘宝等第三方平台发布法律服务信息，接单后为用户提供线上或者线下服务，少量平台开始自建法律服务线上平台。

2015—2016年是快速发展期。该时期在资本助推下曾经有6700多家互联网法律服务平台并存，这一时期创业者和资本机构热情高涨，平台之间相互搏杀，疯狂烧钱获取用户以扩大市场规模。

2017—2018年是行业洗牌期。因为自我造血能力差，盈利模式单一，资本逐渐回归理性，机构补贴难以为继，看不到盈利希望的玩家纷纷退出，或是破产或是转型。

2019—2020年是行业转型期。该时期的线上法律服务O2O模式不再被资本追捧，迫于生存压力，各法律服务平台纷纷转型。

互联网法律服务在原有"淘宝模式"基础上演变，成为参与公共治理的重要社会资源和协同平台，根据法律服务的商业模式或细分领域的不同，衍生出门户网站、法律工具、垂直法务、社交服务四种模式。

门户网站模式早期以"找法网""中顾网""律云"为代表，提供律师信息(照片、姓名、联系电话和简介)和分类检索功能，该模式主要是向律师出售广告，律师向平台付费占据版面首页，提高曝光率、关注度和咨询率，方便用户与律师线下联络。这种模式下，律师注重诉讼业务和金额高的非诉讼业务(如建筑、房地产、金融类)，对于无法转化为案源的普通法律咨询就会"选择性忽略"。它的目标是将线上法律需求，特别是重要的案源导流到线下，增加律所和律师的收入。

法律工具模式主要以"法大大""无诉案例"为代表，为法律工作者提供合同和案例搜索工具，提升合同签署效率。尤其是2020年新冠肺炎疫情下，远程办公进一步刺激了各行业对第三方电子合同的需求。

垂直法务模式主要以"法斗士""知果果"为代表，专门为中小微企业和知识产权等特定业务需求者提供法律服务，通过垂直搜索技术将用户的法律服务需求和律师服务项目的报价精准匹配，帮助用户精准选择律师，帮助律师找到高匹配客户，形成较高的专业壁垒。

社交服务模式以"律兜""口袋律师"为代表，平台建立了公众与律师的沟通渠道，平台由具有律师和互联网行业背景的人士创办，整合各地法律服务资源，实现普通网民和专业律师的有效对接。社交服务模式针对公众找不到、用不起合适律师这一社会问题，通过互联网信息技术与专业法律服务的融合，让老百姓与律师成为朋友，随时随地享受法律服务，同时培养公众的法律思维。

四种模式在互联网发展的大背景下诞生，经过多年的发展，商业模式已得到市场验证。其中，前三种模式都是以线上服务为主，无线下服务或者线下服务较弱。相比之下，社交服务模式更加注重用户体验，从用户角度出发，线上线下交互式服务更能吸引用户，提高用户转化率。法律服务是建立用户和律师关系的过程，而互联网的优点是能够快速建立人与人的连接。从这个层面来讲，"互联网法律服务"这个新型模式无疑是未来发展的必然趋势。长远来看，社交服务模式的互联网法律服务之路将越走越宽广。

互联网法律服务的行业困境

诚然，互联网法律服务平台近些年快速增长，模式新颖、产品丰富、社会认可，但短暂的繁荣并不能掩盖互联网法律服务产业的"先天性缺陷"。法律服务行业本身具有一定的特殊性，加上线上交易的虚拟性、法律案件的复杂性、产业发展的粗放性、律师资源的紧缺性，使互联网法律服务行业面临着供给不足、公众法律服务需求少、用户对于线上服务信任度不高、运营成本高、盈利模式单一等困境，这些都是法律服务平台破产清算、业务转型的主要原因。

线上法律服务供给不足

我国律师资源短缺是不争的事实，律师资源两极分化，行业资源向头部聚集，律师从业者以高收益、标的大、数量少的非诉讼服务为职业目标，线下案源服务流程较线上流程简化，且无佣金抽成，这多重因素导致线上法律服务供给不足。

公众对互联网法律服务有效需求少

当下，我国公众的法律意识淡薄，"多一事不如少一事，忍一时风平浪静"的观念仍然根深蒂固，所以当遇到法律问题时，公众的处理方法也大都以忍让、退缩为主，更有甚者认为"打官司"是不吉利的事，对一些诉讼案件，涉案人员不愿意花钱聘用律师，更谈不上网上寻找律师。同时，我国还是一个人情社会，对自己认识的律师或者托关系寻找的律师比较放心，而对陌生律师缺乏信任。这些因素造成公众对互联网法律服务有效需求少。

用户对于线上服务信任度低

从根本上改变中国人的法治观念还需要比较长的时间，现实生活中公众对律师的信任度仍然偏低，对网络平台的信任度更低。一是对网络虚拟服务的担忧，法律服务涉及个人隐私，担忧信息泄露；二是通过线上交易对公众而言比较困难，既害怕服务无保障又顾虑财产损失。

律兜的发展历程

2013—2014年"法律王"品牌成立，以淘宝为交易载体

2013年2月"法律王"品牌成立，作为私人法律顾问平台，踏入了法律O2O赛道，通过线下、线上融合方式提供即时、高效的法律咨询服务，同时也为客户推介"对口"的服务律师。此时，法律王主要聚焦于中小企业，为其提供法律定制服务。2013年6月，法律王淘宝店铺成立，正式迈进法律电商之路。

2014年，法律王淘宝电商交易数据不断攀升，站稳法律服务电商市场，线上法律服务模式得到验证，证明法律服务线上模式具备商业价值，2014年11月"律兜"项目启动。

2015—2016年律兜上线，强化服务不断更新迭代

2015年7月，律兜1.0上线，代表着律兜网法律服务模式顺应时代发展潮流，迈出了重要一步。2015年10月律兜企业版上线，11月律兜2.0版本上线，2016年5月正式对外开放，2016年9月3.0版本上线，每一次更新迭代都是为了满足消费者的迫切需求。公司与智慧无锡、智慧中山、南方、无锡观察、明道等平台达成合作，并全面开放API接口，获得超额用户流量的同时，为拓展全国业务奠定了基础。最为重要的是2016年11月，公司与江苏省司法厅签订战略合作协议，与无锡市司法局签订智慧普法项目合作协议，同时得到

省、市级主管部门的认可。

2017—2018年走政企合作路线，掘金线上线下融合

2017年，诸多互联网法律服务平台纷纷倒下或被迫转型，律兜同样处于盈亏平衡的边缘，但是，律兜以服务中小微企业、服务中小城市的普通人为出发点的同时，开拓政企合作路线。2017年1月，律兜与无锡市53个执法部门签订智慧普法合作协议，3月律兜与江苏省司法厅合作的中小企业法律服务套餐在全省13个行政区的12348网站同步上线。2017年12月，平台和中华人民共和国司法部开展合作，标志着律兜获得国家最高司法部门的认可。

2018年，平台探索法律服务"线上+线下融合"的新零售模式，开启第二个业务增长极——线下法律服务零售商，通过大量实地调研，最终选定潜在法律服务需求高的基层法院、看守所、政府公共服务中心、派出所、医院、人力资源交易中心等，作为应用场景，研发一款智慧法律服务终端，最终通过线上服务和线下终端二者有机融合，形成商业闭环。

2019—2020年攻城略地成果丰硕

2019年律兜和全国最大的独角兽孵化器天九共享控股集团合作，在全国范围内遴选联营企业家，仅用3个月的时间，就与79家企业签订了联营合作协议，帮助律兜项目在全国实现快速落地。律兜通过天九共享集团的赋能，与诸多省份的司法厅开展商务洽谈，为各级政府以及中小企业提供法律咨询服务。截至2020年8月底，律兜平台的法律服务资源已经覆盖全国30个省、自治区、直辖市，签约律师突破4万名，通过移动端应用、移动端网页、PC端网页及微网站的方式输出法律服务。

律师界"滴滴"智慧法律服务业态成型

律兜定位于将互联网与传统律师服务相融合，构建以律师、大数据为核心的律兜法律服务生态圈，通过互联网法律服务，整合全国律师资源，向政府、小微企业和个人提供法律撮合服务。通过线上平台和线下设备等多个入口，既为律所提供客户案源，又为客户提供法律服务，力求打造客户身边的律师事务所。通过互联网，打破服务时间、地域限制，入驻律师通过平台抢单，并且通过公开信息智能匹配律师与用户，建立科学的律师服务、口碑、运营系统，为用户提供专业、及时的一站式法律服务解决方案，构建律师界的"滴滴"。律兜互联网法律服务平台的商业逻辑如图7-4所示。

图7-4　律兜互联网法律服务平台的商业逻辑

图片来源：律兜官方网站。

线上线下相结合的多元化产品矩阵

公司打造了律兜App、法曰小程序、律卡、讼事捷小程序等产品，构建以线上引流、线下服务为抓手的立体式服务，提供及时、便捷、高质量的法律服务。

律兜App

律兜App面向个人用户，提供以咨询、代书为主的非诉法律服务，其服务项目包括文字咨询、电话咨询、视频咨询、律师顾问、文书律师函、法律意见书等。用户可通过智能匹配、定向选择等方式发起咨询，产品最大特色是"先体验，再付费"，用户每天可获得15分钟免费体验，体验结束后可结合实际需要，选择付费进行深度咨询。

法曰小程序

法曰小程序是一款结合法律和生活常识，解决生活疑难法律问题的普法内容检索工具，面向 18—35 岁用户，以清晰而严谨的法律形象，为用户提供即时、生动、实用、易懂的法律知识、内容及法律类的时事热点解读，为公众提供各种法律问题的解决办法。该程序内容涵盖法律百科、政策解答、案例分析、时事热点等多种类型。法曰小程序借助微信的社交属性，使普法内容的检索、阅读、传播更加便捷，采用"聚合内容+个性化推荐"的内容分发机制，达到精准普法的效果。

律卡

律卡是一款专业化、支持定制、支持交易的律师名片小程序。律师通过律卡程序的律师端，可以编辑个人主页。律师名片主要信息包含姓名、联系方式、律所、执业证号、形象照、形象视频、语音介绍、专栏、擅长领域、经典案例、用户评价等，相比传统名片，丰富了律师专业形象。名片支持电话咨询、见面咨询、案件委托三项服务，支持律师对服务进行定价。

讼事捷小程序

讼事捷小程序实现了问题关键词识别，一键智能匹配律师，通过案件预诊、预约见面等服务，帮助有诉讼需求的民众找到合适的案件代理律师，并达成委托代理协议。该程序具有预诊咨询、在线案情分析、全程服务平台保障等服务，满足了民众寻找代理律师的需求，解决了律师和用户之间的信任问题。

企业法律助手

企业法律助手是一款互联网终端视话设备，以视频即时咨询的方式提供公司运营中常见的法律咨询、商标专利、工商注册、财务会计等服务，一次购买后，免费提供基础服务。以无锡区域为例，律兜和当地商业协会合作，通过协会对接B端客户，如会计师事务所、百度推广、商会等具有优质企业资源的机构。

无人律所

无人律所是一款互联网法律"电话亭式"终端，平台的在线服务模式跟智能终端设备相结合，实现了线下律所的场景化服务，让用户在互联网律所实现跟律师建立远程视频对话咨询、文书材料上传和打印、附近律所与律师查询和预约诉讼代理等功能。

村居法务助手

为响应国家"一村(社区)一法律顾问"政策要求，充分利用互联网、物联网技术，服务群众的同时优化村居法律顾问、律师、基层法律服务工作者工作流程，村居法务助手通过创新"互联网+"形式，整合已有村居法律顾问和全国40 000名律师，为群众提供即时的电话、视频咨询服务；同时建立工单自动生成系统、后台咨询管理系统，方便基层法律服务工作者日常基础工作，辅助市区、镇街道工作人员管理、整合资源，协调法律顾问和律师的闲散时间，提高服务效率，丰富服务形式。

线上线下双渠道引流

开放API接口，扩大线上引流渠道。律兜突破了法律App闭环发展模式，接入第三方平台，建立了强交互性的生态圈，律兜已与各级政府、相关企业单位、国内主流媒体、高校等达成了跨平台合作。政府方面，律兜与江苏省委宣传部、无锡市司法局、无锡团市委、致公党无锡市委、广州团市委、中山市委宣传部等建立了紧密的合作关系；企业方面，与律兜达成合作的有中国电信、中国平安、阿里巴巴、京东等；除此之外，律兜的合作范围还延伸到国内的主流媒体，包括广东的南方报业集团、江苏新华报业集团、浙江日报报业集团、淮安报业传媒集团、无锡广电集团、无锡报业集团、今日头条、ZAKER等。

依客户需求，精准投放无人终端。律兜将企业法律服务助手投放于产业园区；面向公众的无人律所投放于基层法院、看守所、政府公共服务中心、派出所、医院等场景；村居法务助手投放于村委会。无人终端产品表面上是服务终端，实际却是引流利器。无人终端提供的服务多是初级法律咨询或者基本法律文本，主要目的是通过前期服务引流，转化为后期高价值的用户。

以用户为中心，多种方式互动
从供给端发力，整合全国律师资源满足用户需求

首先，整合更广泛的律师资源，充分利用律师的空闲时间为公众服务。律兜签约全国4万多名律师，遍布全国，既实现异地咨询，又覆盖本地线下需求。其次，建立严格的准入和考核激励机制，使得年轻律师也有机会通过扎实的专业才能获得高额收入。平

台数据显示，积极接单的法律从业者，每月可以获得一两千元甚至上万元的额外收入。用户评价高和能力测试成绩优异的律师还会获得额外奖励和案源。再次，平台根据专长、职业年限等标准对抢单律师进行分类，有针对性地分配公众需求。律师能够选择自己的专长，使业务能力得到提升，同时也使得服务公众的效果更好。最后，律师之间还可以通过社群交流，互相学习讨论，并获得更多的公众反馈。从原来分散的工作，到彼此支持形成共同情怀，律师的价值感也得到了强化。简言之，互联网技术解决了律师资源供应不均和不足的问题，调动了律师的积极性，由此，律师提供公共服务时会更加尽职尽责。

以用户体验为导向，优化产品结构，建立信任关系

律兜与传统法律服务定时定点值班的方式不同，其突破了时空界限，保证了公众需求的7×24小时即时响应。公众不需要走出家门就可以通过网站、电话、App等方式接入平台，最快只需要6秒钟就可以联系到专业律师。即时性的文字咨询、电话咨询，满足公众在不同时段、不同场景下的咨询需求。

公众还可以根据体验来选择免费、分级付费、先咨询后付费、包月服务、专案服务等不同形式的服务，掌握了咨询的主动权，且费用低廉，往往只需要十几元到几十元的费用就能完成线上咨询。例如，移动端上的"集体诉讼"功能，通过微信和App平台积累的用户资源，搜集同类维权需求，用户只需要填写姓名、联系方式和简要诉求，就可以进入平台统一、分类的处理进程中。这种方式降低了诉讼的时间和经济成本，简化了诉讼程序，帮助公众避免了因缺乏专业知识而走弯路的情况。

律兜会通过律师的教育背景、从业经历、平台咨询量、用户评级等信息，进行咨询质量监督、抽查、用户回访、跟踪，对律师进行服务培训，采用末位淘汰等方式来保障公众获得高质量的服务。除此之外，平台还会从支付流程上进行设计，提高公众的信任度。比如设置独特的支付担保体系，公众向平台付款后，认可律师服务，才会将钱付给律师。从公众的评价中可以发现，律师不仅需要依靠专业、权威和问题解决能力来获取客户信任，还需要在人际交往中更加耐心、温和。律师了解公众需求后，会进一步从理性和感性两个角度来塑造个人品牌和信任关系。

培训赋能、用户评价双重机制提高律师执业质量

为公众提供快速、精准、专业的法律服务是律兜平台的服务核心，律师服务质量关乎平台的持续发展，为了实现长远发展目标，帮助律师更好地为用户服务，律兜建立了培训赋能和用户评价机制。

律兜对签约律师进行统一岗前培训，内容包括法律专业知识、沟通能力提升、品牌意识等。律兜发现多数情况下，用户是否埋单，不是由专业水平而是由服务过程中的细节所决定的，比如，服务过程是否耐心，沟通时是否将专业术语转化成"口语"，是否时刻保持职业形象等，而这些也是除法律专业培训之外，对律师的培训重点。

此外，律兜开通了客户真实评价机制，出发点是让用户获得最佳体验。从用户选择服务角度看，当其面临多个选择的时候，往往无从判断；而如果有其他用户的评价作为参考，就容易做决定。平台规定，如果一个律师受到两次差评，就会被平台约谈；受到三次差评，会被封号一个月。公众可以在咨询过程中对律师进行评级和

点评，平台会跟进每一个节点，并对公众的投诉、建议进行响应，必要时候会为用户更换律师，根据用户评价提出恰当的解决方案，提升平台的综合服务水平和服务效率。

培训是让律师成长的赋能方式，而用户评价则是监督反馈指引机制，双重机制作用下逐步提高了律师服务水平、用户满意度及市场转化率。

拓宽社会覆盖面，面向普通公众提供个性化的法律服务

律兜不以单纯发展案源为目标，而是将线上法律咨询服务与案件代理业务分割开来，只有在咨询阶段获得用户评价较好的律师才能获得平台二次分配的案源，避免了律师对简单诉求的不公平对待。如果说传统公共法律服务能够受理的业务类型有限，对时间空间有要求，那么通过互联网法律服务平台，公众有任何法律问题，都可以在平台上获得重视和解决，还可以委托平台律师完成线下工作。原来不被重视的、分散的、碎片化的、轻量级的法律需求会被聚合到律兜平台上，发挥了互联网长尾效应，通过整合律师的碎片化时间进行供需对接，满足了普通公众个性化的法律需求。

互动型经济视角下"律兜模式"总结

律兜深耕互联网法律服务领域，对该行业的发展做出了积极探索，为公共法律服务体系建设贡献了力量。律兜搭建的法律服务平台不断促使服务更加规范化、标准化、个性化，建立起了当事人、律师基础信息和管理规范，服务过程中的流程、收费标准、服务质量更加规范，形成了一个知名的互联网法律服务品牌。

律兜法律服务新生态有其内在逻辑，一是以用户为中心，为用户带来更轻便、更低负载、更个性化、更被善待的服务体验；二是关注产品优化，以线上线下相结合的多元化产品为支撑，法律服务更简单、更高效、更人性；三是双渠道引流，多点触达，全面连接多层次用户群体。

律兜通过互联网实现法律资源的整合，一定程度上解决了法律资源缺乏、分配不均衡的问题，在全国范围内构建了用户与律师之间的服务平台，解决了传统法律服务市场信息不对称、成长期律师寻找案源渠道单一、法律服务质量缺乏有效监管体系等诸多痛点。培训赋能机制提高了律师执业质量，用户评价和司法部门支持则提高了公众对线上法律服务的信任度。渠道的多样性和产品的多元化，为公众提供了便利、畅通的法律咨询通道，提高了长尾用户对法律服务的有效需求。

律兜依靠覆盖全网的线上服务端直达企业，链接全国4万名细分领域的专业律师，让专业的律师来分析问题，以极高的性价比为用户提出解决方案，最终得到用户的认可。

律兜合作的律师超过4万人，占全国律师总数约10%，覆盖全国数百个城市，线下服务终端铺设全国100多个城市，基本实现城市法律需求频发地与人流密集区的全覆盖，形成规模化优势，受到当地企业、个人的高度评价。

当然，律兜依然面临着问题和挑战。首先，连接大众的互联网法律服务平台没有迎来用户数量的爆发，有效需求还要一定时间来变现。其次，互联网法律服务是一种低频刚需，公众的需求差异也比较大。最后，律兜积累的服务数据需要深度开发，存在一些技术上、制度上的难点和薄弱环节。

互动型经济与嗖嗖身边社区生活新生态

近年来，以美团、大众点评为代表的本地生活O2O平台正在慢慢改变着年轻人的消费习惯。比如，选择餐厅就餐，他们会先打开App，看看店面的评分以及网友评价再做决定；想点个外卖，就通过O2O平台在线下单，时间不久，就会收到餐食；来到陌生的城市，也往往会通过这类平台，选择合适的住宿与消费场所。这类平台的规模虽然在不断扩大，却长期处于亏损状态，比如，2019年，本地生活O2O的龙头美团，就以亏损1080亿元成为中国互联网企业的亏损大王，而其他生活类O2O平台的盈利模式也存在着极大的问题。然而，一家名为嗖嗖身边的本地生活O2O平台，却在这些年的运营过程中，通过不断解决消费者与商家的痛点，开发出一套全新的盈利模式，成为O2O平台转型的范例。

本地生活O2O平台行业现状

本地生活O2O，提供基于互联网的本地生活服务，是将消费者所在地的线下资源，诸如具有实体店铺的餐饮、生活服务、休闲娱乐等服务，以网店的方式呈现给消费者，为消费者提供一套便捷、全面的商铺信息方案，同时为线下商铺提供推广渠道的平台型服务模式。其中，平台的作用是将线上与线下资源相结合，链接商户和用户双方。按照商品、交付场景的不同，本地生活服务O2O可以分为到家和到店两大类。

在这套商业模式中，商户也就是品牌方，有着强烈的客源需求，O2O平台为其提供线上流量入口、活动策划运营、大数据分析以及精准获客、在线预订等服务；消费者期望得到更多的消费信息，包括价格以及品质介绍，O2O平台为其提供线上展示的商户信息、促销活动、在线评价、反馈意见等服务。从这个角度来看，O2O的本质就是基于互联网的中介。

随着互联网的不断普及以及资本市场投资风格的变化，本地生活O2O平台经历了起步期、快速发展期、调整期三个阶段，各个阶段的特点不尽相同。

早期的本地生活O2O平台以点评类网站为代表，这些网站往往融合了本地商户的服务信息，网友通过点评、打分，对商铺作出评价，展现在网页上供其他网友参考，其中包括了电话预订等信息，典型的网站包括雅座在线、大众点评等。

智能手机的出现加快了本地生活O2O平台的发展速度与规模，GPS定位、App的出现，让消费者不必坐在电脑前，而是随时随地就可以享受到互联网服务，这些改变为本地生活O2O平台的发展带来了契机。这期间，饿了么、美团等平台纷纷出现，引发资本市场的强烈关注，互联网巨头纷纷布局，细分领域也不断出现，并逐渐拓展为目前主流的"到店""到家"两种类型。服务的种类也不再拘泥于饭店筛选，而是增加了诸多场景在其中，比如可以通过这些平台购买机票、预订酒店、购买电影票等，甚至像e家洁、阿姨来了等家政平台，可以让消费者足不出户就预约到相关服务。

随着近年来资本市场的冷却，本地生活O2O进入了行业的调整期，这一时期的主要特点有四个。

第一，渗透率低，市场规模攀升，烧钱补贴效应逐渐降低，规范化的运营成为主流。O2O平台不再一味追求短期市场规模的扩张，而是开始注重对商家的赋能，包括流量、会员管理、精准营销、数据化运营等，提升商家自身的造血能力。与之相伴，是行业内大量平台被市场淘汰出局。

第二，细分领域差异极大，餐饮类别发展最为成熟。根据数据，餐饮类的交易流水量占到了整个O2O平台交易金额的54.9%，商超、宅配份额快速提升，家政维修等标准化程度较高的细分领域市场份额也在不断升高。造成这一现象的原因是餐饮体量巨大并且具有高频、刚需、容易规模化的特征，因此，用户培育难度较小，发展也最为成熟。

市场规模庞大却拥有极低的渗透率，显示出该行业依然具有巨大的发展潜能。但是互联网本地服务还存在着一些困难和问题，主要包括以下几方面。

第一，团购平台承担着链接本地商家和用户需求的角色，商家希望客户数量增加，用户希望提供更多价廉物美的消费体验，入驻O2O网站的商家不得不让出部分利润给用户，所以商家大都采用低价、打折等方式吸引消费群体，完成交易。可价格低就会导致商家利润减少，进而被市场淘汰出局，因此，这种有限利润空间的商业模式，阻碍了本地生活O2O平台的盈利和扩张。

第二，O2O平台为了尽快抢占市场份额，获取用户资源，投入了大量的补贴，这种模式带来的主要问题是：消费者虽然享受到了低价的商品和服务，但这种靠低价吸引来的用户忠诚度极低，一旦停止补贴，用户资源就会大量流失，难以持续发展，还将行业带入了一条不健康的发展道路。

第三，平台同质化严重，竞争激烈。不管是规模较小的本地型O2O平台，还是全国范围内的大型平台，网站运营和平台盈利模式大都属于简单的复制，这些盈利模式主要包括以下四种。

一是佣金抽成。向入驻商家抽取一定的交易分成。

二是平台的增值服务。比如广告位、推荐位、专题等，平台向商户提供用户画像、竞争情报以及付费会员的特权等。

三是自营业务。平台掌握了商家的订单数据，知道什么时间什么位置卖什么东西最赚钱，依靠大数据力量开展自营业务实现盈利。

四是资金池。平台往往每周或者每两周向商家结算一次费用，利用账期沉淀资金投资获取盈利。

从盈利方式来看，这些收入来源压榨了商户的利润空间，商户为了减少损失，不得不降低商品和服务的质量，伤害用户体验，造成行业恶性竞争。

第四，消费群体狭小，阻碍了平台发展。根据统计，O2O平台的使用者主要集中在年龄较小、受过良好教育的群体，而各大平台提供的服务涵盖衣、食、住、行等生活的方方面面，巨大的市场空间与狭小的客户群体形成非对称的供求关系，阻碍了O2O平台的进一步发展。

行业典型

本地生活O2O在大浪淘沙的竞争中，诞生了一些初具规模且极具特色的典型案例。

美团网

美团网于2010年2月成立，最早是一家团购网站，作为中国最早一批的生活服务O2O平台，公司旗下有美团、大众点评等多个知名App，服务领域覆盖到餐饮、酒店、旅游、美容美发、休闲娱乐、打车等二百多个品类，业务覆盖全国2800个县区市。据统计，美团年交易用户达到4.4亿，活跃商户达到590万，用户年平均交易26笔。

目前，美团平台围绕吃、喝、玩、乐，建立起一个从需求到供给的多功能服务平台，其中美团外卖是这家平台的重要组成部分。目前，美团外卖覆盖中国所有的一、二线城市，与中小餐饮企业合作，线下餐饮企业为生产场所，电子客户端为载体，满足用户一小时内配送到家的消费需求。2019年，中国外卖用户数量超过4亿，其中美团的市场份额达到65%。

美团的主流用户年龄在25岁以下，占比达到88%；25—35岁用户占到8%；超过90%用户年龄在35岁以下。这显示出，美团的客户群体偏向对互联网使用较为熟练的年轻一族。

目前，美团的收入来源主要包括以下几项。

一是依靠长期积累的大数据，经过系统分析，定制方案为商家带来价值。

二是效仿淘宝网页，帮助入驻商家进行页面设计、自助开店，高级收费会员享有相应特权，此外还有首页的广告位、推荐位、搜索推荐、流量入口收费等。

三是佣金分成。商户扩大经营规模，可以向美团申请贷款。此外，根据商户交易量，美团收取一定比例的流水抽成。

58同城

另一个典型是58同城。2015年4月，58同城战略入股赶集网，两家网站合并，合并后的58同城在本地服务、在线分类信息以及O2O服务的基础上，借助过亿流量的优势打造附近生活概念，通过位置服务模块，为用户提供符合自身需求的服务供应商。

一应生活

在众多基于本地生活的O2O平台中，一应生活也非常具有特色。这是一家一站式的社区生活服务平台，目标是打造社区生态闭环，让更多业主、社区服务方享受到更加便捷的生活。这家平台以App、400热线、微信、物业管理处、社区便利店为入口，推出了社区闪电送的服务新模式，让商品和服务快速直达社区家庭，打造一个汇集物业服务、生活服务、线上购物、邻里社交、连锁经营的一体式社区服务平台。该平台融合了社区所需的各类服务应用，包括早餐、粮油、酒水饮料，乃至家电维修、搬家、养老、摄影、智能家居、保险等，在为社区居民带来便利的同时，也为商家增加了获客途径。

互动型经济与嗖嗖身边

在此背景下，嗖嗖身边以及这家公司全新商业模式的出现，弥补了当前本地生活O2O平台的不足，在行业内逐渐崭露头角。

嗖嗖身边是一款集合了点到家、网上商城、线上线下省钱消费业务为一体的全场景生活服务App，秉承"让商家生意更好做，让用户消费更省钱"的服务理念，致力打造中国领先的身边生活服务平台。目前已经在全国范围内发展出500家城市运营公司、60万家嗖嗖快店、230万服务商家，累计用户达到6000万。

嗖嗖身边发展历程

2013年，嗖嗖身边立项并成立初创团队，选择在江西省南昌市试运营。

2015年，嗖嗖身边与中科招商、和玉基金达成协议，后者向嗖嗖身边团队投入300万元，作为天使投资。

2016年，嗖嗖身边平台上线运营并进入拓展期。当年，公司举行全国百城启动大会，同年在全国范围内成立60个城市公司，平台入驻商家突破100万，A轮融资实现2000万元，并获得中国最具创新力企业奖、中国互联网创新产品奖。

2017年，嗖嗖身边开始布局全国，在全国300个城市成立运营中心，公司估值突破2亿元，并在当年获得中国财经峰会最具成长价值奖和中国企业改革与发展优秀成果奖。

2018年，嗖嗖身边开始大力抢占市场份额，运营中心数量达到400个，启动嗖嗖快店项目。当年，嗖嗖身边以接近20亿元的估值，获得B轮融资，并获得最具独角兽潜力公司奖以及中国互联网20年创新公司奖。

2019年，嗖嗖身边全面升级，嗖嗖快店突破50万家，启动亿万购物卡发放计划，用户数量实现猛增，公司以估值44亿元获得了C轮融资，并启动资产证券化进程，当年获得新零售行业最具影响力品牌和品牌价值企业奖。

2020年，是公司业务全面爆发的一年。嗖嗖与阿里旗下的"淘小铺"启动战略合作，创新推出了商圈店模式，在全国范围内成立500家运营中心，并于2021年成功登陆港股。

嗖嗖身边的盈利模式

嗖嗖身边的盈利模式分为线上和线下两个方向。

从线上看有以下几项：

一是从商圈店、快店、联盟店等加盟商的平台流水中抽成；

二是从全网精选的掌柜商城获得商品销售收入；

三是导购业务、第三方平台的佣金收入以及购物卡充值收入。

线下方面，嗖嗖身边的盈利分为以下几项：

一是小程序的销售收入，包括红包卡以及红包充值收入；

二是"嗖嗖金卡"的会员卡销售收入；

三是全网精选的商品销售收入；

四是联营企业家、代理运营商以及社区总经理的加盟培训收入。

嗖嗖身边如何互动

嗖嗖身边突破传统O2O平台商品销售收入、佣金、流水抽成、加盟商培训费等收入来源，增加红包、会员卡等新形式收入，而这些创新收入来源，正是嗖嗖身边在激烈的市场竞争中，发现市场痛点，瞄准市场方向，找准市场定位创立出来的。

嗖嗖身边成立于2013年，彼时，以美团为首的团购类网站，历经数次洗牌，转型为O2O平台。可以说，这时的市场环境，是一个寡头逐渐成形的时期。这个时期互联网生态的特点是，网络的规模化效应正在逐步减小，渗透率、个性化、区域化的经营策略正在成为互联网企业挖掘价值洼地的关键。嗖嗖身边的初创团队，大都由房地产经纪业的龙头我爱我家核心成员组成，天然带有"社区"基因，在激烈的市场竞争中，采用了与传统互联网企业不一样的竞争策略，在新环境下争取到一席之地，而互动则成为其扩张市场规模的必要手段。通过不断与商户和消费者之间的互动，增加后者对前者商业模式的认可，从而扩大品牌知名度，增加其行业渗透率，最终形成服务于社区的产业生态。为了撬动平台上下游，嗖嗖身边采取了以下关键措施。

第一，缩减配送时间，激发消费者期待便捷的需求。一种商业模式能否取得消费者青睐的关键因素，在于前者是否为后者带来便捷的体验。嗖嗖身边立足于社区，将社区周边门店信息整合在平台中，提供给消费者。这种商业模式的弊端在于，相比淘宝等电商平台上的商家，社区周边的门店商品售价普遍较高，但优势在于方便与快捷，点个外卖，几分钟就可以收到；家人生病，急需药品，可以在最短的时间获得，所以配送时间的长短，成为本地生活O2O平台之间竞争的关键。通过大数据分析以及优化配送员分配规则等技术的运用，当前，本地生活类O2O平台可以将配送时间缩减至半小时之内，而嗖嗖身边却将这一时间压缩至8分钟，成为业内平均配送时间最短的平台。嗖嗖身边是如何做到的？为了丰富平台内商家信息，大多数O2O平台往往会将消费者周围10余公里的范围划为配送范围，力求提供尽可能多的商家供消费者选择。可是这样带来的直接结果是，一位配送员往往要在10公里范围内来回穿梭，最终影响到商品的配送时间，带来糟糕的用户体验。嗖嗖身边则精准地将消费者周边一公里范围内的商家信息加以整合，推送给消费者，这就带来了最大的便利，消费者下单几分钟之内，就会收到货品，短时间配送解决了消费者生活中的诸多痛点。比如，消费者在家正在做饭，突然发现家中没有米面油盐，此时只要下单，很快就会解决他们的燃眉之急。这种精准匹配商家与消费者的模式，成为嗖嗖身边最具竞争力的优势。用缩减配送时间来撬动平台上下游双方的需求，成为嗖嗖身边的一大利器。

第二，为商户赋能，激发商家开店欲望。对于社区门店经营者来说，将店铺开在网上，依然存在不少的难题，不仅需要弄懂基本的电脑操作，还需要花费大量精力录入、维护商品信息。这一问题，被嗖嗖身边化解。嗖嗖身边开启了一分钟开店模式，商户用手机扫描商品的条形码，产品信息就会被一键上传至网店之中，省去了商户录入、维护商品信息的烦恼。嗖嗖身边开通了商品直供平台，店主不必像之前那样，每样货品都须摆放在店面之内，而只需将商品信息陈列在网店内，用户下单，仓库就会在最短时间内，将货品配送到客户手中，不仅解决了门店货品占用资金的难题，同时也为商品提供了更多的展示渠道。开启网店模式后，很多小店的营业额一下多出不少，原因正是嗖嗖身边为商铺提供了更多的商品种类，这种用便捷来暗合商户心理的策略，为嗖嗖身边带来了百万商铺。

第三，金卡会员，购卡送红包，激发消费者的消费欲。嗖嗖身边开展运营的初期，主要采用发放红包会员卡的营销策略。通过遍布各大城市的运营商，嗖嗖身边在人流量密集的地方开展营销活动，发放会员卡，卡内包含50元红包和价值200元的抵扣券，其中包括加油、水电、购物、充值、打车等消费场景，用户使用嗖嗖身边来消费上述服务，即可享受数额不等的抵扣。此举在嗖嗖身边扩张的过程中，起到了重要作用。由于嗖嗖会员卡中包含200元抵扣券，不可一次用完，需要在不同场景下多次消费，就为嗖嗖身边的合作商家积累了大量客户；同样，客户也在多次使用嗖嗖身边的过程中，培育出消费习惯，由于消费惯性，客户逐渐成为嗖嗖身边的忠实拥趸。用消费折扣来吸引客户的方式，使得嗖嗖身边的用户量呈现出爆发式增长的态势，并成为该企业快速成长的关键。

第四，扩大上游商品方，合作拓宽嗖嗖身边推广渠道。与合作方联手，共同拓宽营销面，也是嗖嗖身边在扩展市场规模过程中常用的法宝。一些饮料厂商为了增加销量，往往会在瓶盖上印有中奖喷码，以此来吸引消费者购买。这种方式效果不错，不过也相应增加了厂商的运营成本。嗖嗖身边却从减少合作方成本的角度中发现了商业机会，该平台与众多饮料厂商展开合作，将嗖嗖身边的下载二维码印在瓶盖上，消费者只要打开购买的饮料瓶盖就可以下载嗖嗖身边App，获得相应会员权益。这样，嗖嗖身边一方面帮助产品方节约了营销成本，另一方面还可以获得更多的使用场景与客户流量。2020年，年销售额高达6亿元的泰恋与嗖嗖身边达成战略合作，消费者购买该品牌饮料，可以全额返还红包。可以说，用节约成本的方式扩大上游厂商规模的做法，让嗖嗖身边获得了扩大品牌知名度的机会。

第五，打通阿里巴巴、京东等主流购物平台供应链，激发消费者购买欲。价格是否合理是消费者选择购买商品的三个因素之一，而中国的消费者似乎更加关注价格，因为中国消费者普遍对商品价格是否合理存在着疑虑，总会考虑，买的这件东西，会不会被商家蒙了。不过，随着网络购物的兴起，这样的担忧正在减轻，尤其是诸如阿里巴巴、京东这样的网购平台所销售的商品，往往价格公道，童叟无欺，逐渐成为消费者的首选。比如10年前，京东将经营方向转向电子产品销售后，全国实体电子市场就开始逐渐走向没落。嗖嗖身边发现了这样的商业机会，选择与京东、阿里巴巴等主流购物平台合作，通过嗖嗖身边客户端，可以搜索到这些主流购物平台的商品，从而打消了消费者对商品品质、价格的疑虑。

2020年，嗖嗖身边将以上优势加以整合，更是推出了具有变革意义的O2O新模式——商品全免费。具体来看，消费者通过嗖嗖身边客户端，在其社区周边的美发店充值1000元，就会获得嗖嗖身边派发的1000元红包，并可以使用部分红包金额购买主流电商平台上的商品。用嗖嗖身边创始人程俊的话说，这一模式开启了商品免费的时代。

这一模式是如何实现的？消费者通过嗖嗖身边客户端充值1000元，将得到等额红包。其中有70%的金额可以在主流电商平台上购买商品，其余30%则会暂时冻结。对于美发店来说，可以得到800元，相当于为用户打了8折，这种打折，属于正常范围内的折扣。可以说，商家在没有任何损失的情况下多收了一笔大额款项。对于嗖嗖身边，则会得到200元的收入。可消费者用来购物的红包金额不也是钱？这笔钱是哪里来的呢？嗖嗖身边与电商平台合作的商品，往往是毛利润极高的产品。比如2021年，浙江一家制作手机充电线的厂商，受到疫情影响，积压了近1000万元的货品无法出售。此时，仓储方要求其缴纳近50万元的货品存储费。不过由于产品占用了大量资金，厂商已经无力支付这笔费用。厂商在权衡之后决定，价值1000万元的货物可以白送，只要对方帮助其缴纳仓储费用即可。嗖嗖身边将这批货物整合到红包商品中，消费者按照商品原价购买该物品，而嗖嗖身边只需向厂商支付0.5折的货款。另外，通过大数据分析，O2O平台赠送给消费者的红包，很多都被沉淀下来，相当于储户向银行存款，往往很长时间不会取出。就像银行用这笔款项来贷款实现盈利一样，嗖嗖身边将这些沉淀下来的红包金额用于金融投资，产生更多的收益。这一模式的出现，不仅让消费者得到了实惠，也让社区周边的线下门店得到了客源，同时还让更多商家得到了去库存的机会，更为重要的是，嗖嗖身边通过此举，将商品以及服务的价格降至最低，为本地生活O2O平台带来了全新的发展机遇。

2020年年末，嗖嗖身边正式冲击港股IPO，从南昌试点到目前近500家城市运营公司，嗖嗖身边仅用了7年时间。其间，嗖嗖身边不仅发现了消费者以及商户的痛点，更重要的是，嗖嗖身边找到了吸引顾客的有效方式，这些都成为嗖嗖身边成长的关键。